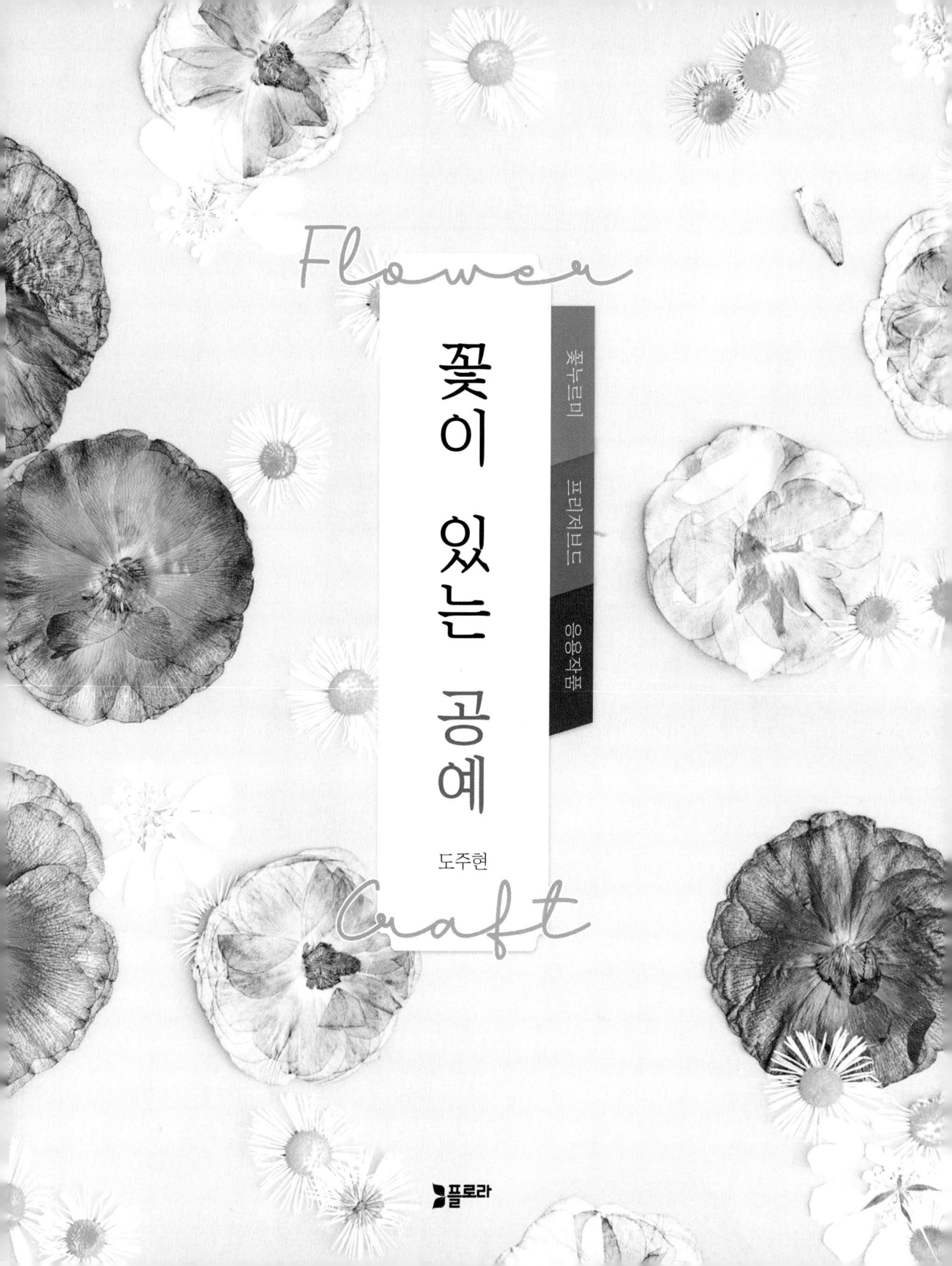
꽃이 있는 공예

꽃누르미 프린지보드 응용작품

도주현

Prologue
프롤로그

어느덧 꽃과 함께한 세월이 20년을 훌쩍 넘었다. 20년 동안의 세월 속을 들여다보면 꽃은 언제나 늘 그 자리에서 나를 지지해 주는 큰 힘이었다. 사계절의 꽃들은 나의 벗이었고 내가 꿈을 꿀 수 있게 한 희망이었다. 계절이 바뀔 때마다 마주했던 들꽃들은 저마다 반가운 얼굴로 나에게 인사를 했고, 길가에 떨어진 가을 낙엽들의 빛깔은 그때그때의 나의 감정을 정화 시키며 아련한 추억을 떠올리게 한다.

내 어린 시절 책갈피에 하나둘 곱게 말렸던 꽃잎들을 간직했던 기억들이 이제는 추억이 아닌 나의 일상이 되어버렸다. 꽃누르미를 시작으로 프리저브드플라워 등 꽃으로 응용할 수 있는 다양한 꽃 공예를 하면서 차츰차츰 범위를 키워갔고 뒤늦게 회화를 전공하면서 그림과 접목하는 것도 시도하였다. 꽃으로 만드는 공예는 타 공예와 콜라보로도 잘 어울리기 때문에 다양하게 응용할 수 있는 다채로운 공예이다. 또한 자연적인 소재로 예술적인 창조활동을 이끄는 생명력이 있어서 보는 사람으로 하여금 신선함을 안겨주기도 한다. 꽃은 자연이 주는 최대의 선물이다. 자연과 함께 동화되어 작업함으로써 현재의 소외된 인간의 감성을 자극하여 정서함양에도 큰 도움이 된다.

이 책은 다양한 꽃 공예를 알려주고 누구나 쉽게 만들어 볼 수 있는 방법과 기회를 제공하는데 중점을 두고 만들었다. 이 책을 통해 많은 사람들이 꽃 공예의 아름다움과 감성을 맛보며 기초적인 지식과 스킬을 습득하여 꽃 공예의 진수를 함께 즐길 수 있길 바란다.

- 들꽃아트 도주현

History
히스토리

들꽃아트는 이름에서 알 수 있듯이 우리의 꽃을 활용한 공예를 하고자 하는 신념이 들어 있다. 학창 시절 길가에 떨어진 꽃잎을 책갈피에 말려 코팅해 고이 간직했던 아름다운 추억들에 매료되어, 지금까지 한길을 걸어오는 원동력이 되었고 아름다운 우리 꽃을 더 활용하게 된 계기가 되었다.

들꽃아트는 2001년 개원한 후 꽃누르미로 시작하여 레칸플라워, 레진 아트, 프리저브드플라워, 드림플라워, 스테인드플라워 등 꽃 관련 공예 분야를 다루고 수강생을 배출하였다. 들꽃아트의 가장 큰 장점으로 볼 수 있는 것은 다양한 꽃 공예의 콜라보로 분야를 넘나드는 고급 기술을 구사하도록 교육하고 있다는 것이다. 이것은 다양한 분야에 상당 기간 노하우가 쌓여야 가능하며, 특히나 수많은 아이디어와 고민이 더해져야 가능한 일이다. 보존화 부문 대상 등 그간 수많은 수상 이력은 고민의 결과물이다. 이 책을 발간하는 목적도 일반인들이 쉽게 따라 하며 배우고 다양한 분야로 아이디어를 넓힐 수 있게 하는 것이다.

최근 몇 년간 들꽃아트에서 중점으로 하고 있는 것은 꽃 공예를 단순 공예에 머물지 않고 예술의 분야로 발을 넓히는 일이다. 압화를 회화 수준으로 올리거나 회화에 꽃누르미 등 꽃 공예를 접목해 의미와 예술성을 부각하여 꽃 공예의 수준을 한 단계 높이고자 한다. 그렇게 되면 꽃 공예가 응용예술이 될 수 있을 것이다. 더불어 수많은 예술인이 더 많은 아이디어로 꽃을 활용할 길이 열리게 된다. 이것은 편견의 벽만 허문다면 크게 활성화가 가능한 일이다. 많은 공예인의 지속적인 노력이 필요한 부분이다.

2018, 종이 위에 압화, 〈욕망〉, 39.5x54.5, 도주현

2019, 종이 위에 압화, 〈누드〉, 28.2x22, 도주현
2019, 종이 위에 압화, 〈그리움〉, 39.6x33.2, 도주현
2021, 수채에 압화, 〈설렘1〉, 52x37, 도주현

기술적인 분야에서 들꽃아트는 꽃 공예 소재와 기술을 국산화하려는 노력을 기울이고 있다. 꽃누르미를 교육하며 필수로 사용하는 칼라액이 국산이 아닌 것을 확인하고 2008년부터 국산화하여 보급하고 있다. 당시엔 꽃누르미 분야만 사용되었지만, 2013년을 기점으로 생화 시장에도 활발하게 사용되어 꽃시장 활성화에 기여하고 있다. 2011년부터 한발 앞선 보존화 보급 교육을 시작하며 보존화 국산화를 위한 보존화 DIY 연구개발에 매진하였다. 당시 보존화는 대부분 수입산이었고 단순 상품 제작에 머물고 있는 단계였다. 들꽃아트에서는 '내가 직접 만들어 내가 사용한다'는 의미 부여를 강하게 줌으로써 보존화 DIY 붐을 일으키는 계기가 되었다. 여기에 핵심은 보존화의 색상이었다. 보존화에 도전하는 사람들이 다양한 색상 레시피를 가지지 못하였기에 색상에서 실패하고 단색 색상의 결과만 만드는 것에 착안하여 손쉽게 염료 첨가만으로 침전방식 보존화에 그라데이션을 만들어주는 조성물 특허 일명 "매직그라데이션"[1] 특허를 2012년 취득하였다. 매직그라데이션의 특징은 별도의 후처리 작업(색 스프레이 분사 등)없이 염료첨가 단계에서 간편하게 염료 첨가만으로 만들어지는 획기적인 방법이다.

매직그라데이션 특허가 적용된 보존화 (1)
매직그라데이션 특허가 적용된 보존화 (2)

매직그라데이션의 41가지 다양한 색상을 활용하면 수백 가지의 색상 조합이 가능하여 색상의 고민이라는 틀에서 벗어날 수 있다. 또한 보존화를 더 다양하게 활용하는 방법으로 누드코팅액을 개발하여 수분, 빛, 충격으로부터 보호함으로써 보존화를 악세사리 분야로 사용할 수 있게 되었다. 뿐만아니라 MBC드라마 '밤을 걷는 선비'와 '고보결 화보촬영'에 헤어장신구를 협찬하는 기회가 되었다.

'밤을 걷는 선비' 포스터

'고보결 화보촬영' 포스터

2015년 대한민국 화훼시장에 돌풍을 일으킬 기술이 개발되었다. 들꽃아트가 2015년 3월 코엑스 전시회를 통해 선보인 국내 최초 "안개보존액" 용액을 개발한 것이다. 물올림으로 보존화를 만드는 일명 "안개보존액"[2]은 들꽃아트 특허로 모든 시장에 안개꽃 보존화 붐을 일으키는 계기가 되었다.

들꽃아트 안개보존액 상품

안개보존액으로 만든 보존화 안개꽃

안개보존액으로 만든 보존화 라그라스   장미그린용액으로 만든 보존화 수국

안개보존액은 46가지 다양한 색상이 준비되어 있어 공예에 활용하는 데 부족함이 없다. 지금은 대부분의 플라워샵에 보존화 안개꽃이 필수일 정도로 확산되었다. 여기에 해충으로부터 보존화를 보호하는 "해충기피"[3] 특허로 기능성을 주었고, 기존에 판매하고 있던 "안개칼라액"[4] 도 특허를 취득하였다.

들꽃아트가 보유한 특허
[1] '특허 제10-1199989호', [2] '특허 제10-1789718호', [3] '특허 제10-1865760호', [4] '특허 제10-1855329호'

들꽃아트는 현재에 안주하는 것이 아닌 늘 고민하고 도전하고 노력하는 길을 걸어왔다. 앞으로도 공예가 예술로 거듭날 그날까지 노력의 끈을 놓지 않을 것이다. 또한 들꽃아트가 어렵게 걸어온 길을 여러분이 쉽게 가도록 교육과 특허 그리고, 들꽃아트만의 노하우가 도와줄 것이다. 여러분도 이 책을 통해 들꽃아트의 노하우를 여러분의 것으로 만들고 한 단계 발전하는 계기가 되길 바란다.

Contents

프롤로그 3
히스토리 4

Chapter 1. 꽃누르미

기본도구 12
건조매트 사용방법 13
보관봉투 사용방법 14
꽃 물올림방법 15
꽃누르미 기본 테크닉
    미니거베라 16
    델피니움 17
    미니장미 18
    카네이션 19
    과일과 채소 20
    장미 조립 22
    카네이션 조립 23
액세서리
    핸드메이드 브로치 24
    부토니아 핀 26
    델피니움 귀걸이 28
소품
    나뭇잎 티코스터 30
    엽서 32
    정물엽서 34
    책갈피 36
    카드액자 38
    유리 베이스 40
    와인잔 양초 42
    접이 부채 44
    데코 스티커 46
원목
    한지 스탠드 48
    원목 시계 50
    나무쟁반 52
    원목도마 54
액자
    단풍 액자 56
    봄 액자 58
    입체 액자 60
    부케 액자 62
    정물 액자 64
    채소를 이용한 표본 액자 66

Chapter 2. 프리저브드플라워

프리저브드플라워 기본 테크닉
- 투패스 방식(침전방식) ······ 70
- 물올림 방식 ······ 71
- 용액 사용법 및 주의사항 ······ 72
- 들꽃아트 색상표 ······ 74
- 프리저브드플라워가 잘 되는 꽃과 식물 및 주의사항 ······ 78
- 와이어링 기법 ······ 80
- 장미 블루밍 기법 ······ 83

액세서리
- 누드코팅 액세서리 ······ 84
- 누드코팅 웨딩장식 ······ 86
- 누드코팅 코사지 ······ 88
- 무궁화 코사지 ······ 90
- 헤어핀 ······ 92

액자
- 보태니컬 ······ 94
- 꽃바구니 ······ 96
- 사각유리 ······ 98
- 미니 원형 리스 ······ 100
- 꽃다발 유리관 ······ 102
- 그림X화관 ······ 104

꽃다발
- 스템 로즈 ······ 106
- 축하 꽃다발 ······ 108
- 풍선 꽃다발 ······ 110

인테리어 소품
- 꽃얼음 칵테일 ······ 112
- 하바리움 ······ 116
- 유리돔 ······ 118
- 원목 북엔드 ······ 120
- 와인병 스탠드 ······ 122
- 크리스마스 미니리스 ······ 124
- 크리스마스 미니트리 ······ 126
- 촛대장식 ······ 128
- 석고몰드 ······ 130

Chapter 3. 응용

스테인드플라워
- 기본도구 ······ 134
- 기본테크닉 ······ 135
- 응용작품 ······ 136

레칸플라워
- 기본도구 ······ 138
- 기본테크닉 ······ 139
- 병 속 레칸플라워 ······ 140
- 응용작품 ······ 142

Chapter 1

꽃누르미

꽃누르미(Pressed flower)는 다양한 식물과 꽃, 잎, 줄기, 뿌리, 열매, 나무껍질, 채소, 과일 등을 누름건조 시킨 기법으로서 작품의 소재로 사용하여 자연의 질감을 생생하게 재연해 자연 소재에 대한 아름다움을 느끼고 표현하는 것에 가치를 두고 있다. 꽃을 보존 가공하는 꽃누르미는 20C 후반에 이르러 절화의 아름다움을 오래 간직하고 싶어 하는 사람들의 염원으로 본격적으로 구체화되기 시작하였으며 현재는 평면적인 꽃누르미 특색에 맞춰 회화적인 느낌을 강조한 조형예술로 발전되었고 비구상적 작품으로도 표현되고 있다. 또한 소품과 액세서리에 소재로 활용되는 부분에서 상업적인 시장의 가능성이 있고 대중속으로도 확산되고 있다. 또한 꽃과 식물을 다루는 일환으로 원예치료의 한 방법으로도 활용되고 있다

꽃누르미
— 기본도구

① 건조매트 1set(6장)
② 압판 2장
③ 밴드 2개
④ 비닐봉투 2장
⑤ 꽃화지 또는 습자지
⑥ 보관봉투

꽃누르미
― 건조매트 사용방법

재료

건조매트 1set(6장), 압판 2장, 밴드 2개, 절화, 핀셋, 비닐봉투 2장, 꽃화지나 습자지

따라하기

1 건조매트 위에 꽃화지나 습자지의 부드러운 부분이 위로 향하게 하여 올려놓는다.

2 절화를 올려놓는다.

3 꽃화지나 습자지의 부드러운 부분이 꽃을 향하게 하여 덮는다.

4 건조매트를 덮는다.

5 위의 순서대로 6장의 건조매트를 작업한 후 첫 번째 비닐봉투에 넣는다. (모서리 안쪽으로 밀착하여 비닐을 접는다.)

6 잘 접힌 첫 번째 비닐봉투를 비닐이 접힌 부분을 안쪽 모서리를 향하게 하여 두 번째 비닐봉투에 넣고 밀폐되도록 밀착하여 비닐을 접는다.

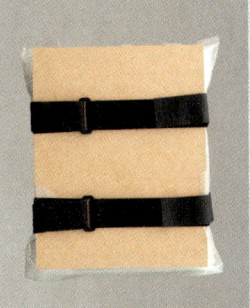

7 앞판으로 밴딩하여 무게를 준다.

8 무게가 더 필요한 경우 책을 올려 무게를 더해준다.

Point
꽃잎이 얇은 경우 : 4~5kg
꽃잎이 두꺼울 경우 : 7~8kg

꽃누르미
— 보관봉투 사용방법

재료

보관봉투, 보관팩, 건조시트, 꽃화지 또는 습자지, 핀셋, 완성된 누름꽃

응용

1 보관봉투 안에 건조시트를 넣는다.

2 꽃화지나 습자지에 누름꽃을 담아 반을 접어 보관팩 안에 넣는다. (접힌 부분이 안쪽을 향하도록 한다.)

3 화지에 담은 각각의 누름꽃은 간격을 두고 넣는다.

4 보관봉투에 접힌 부분이 안쪽을 향하게 넣는다.

5 공기를 빼서 보관한다.

Point
보관봉투 안에 넣어둔 건조시트는 주기적으로 확인하여 전자렌지에 30초~1분 돌려 습기를 빼준다.
(건조시트는 보관팩 안에 있는 누름꽃의 습기를 잡아준다.)

꽃누르미
— 꽃 물올림방법

재료

안개칼라액 100ml, 목수국

만들기

1 목수국 줄기를 정리하여 사선으로 자른다.

2 안개칼라액에 줄기가 충분히 잠기도록 하여 꽂아준다.

3 시간이 경과되면서 색이 올라온다.

4 원하는 색이 되면 꺼내어 누르미한다.

Point
· 싱싱한 소재를 사용한다.
· 안개칼라액에 오래 꽂아 둘수록 색이 짙어지므로 원하는 색이 나오면 누르미한다.
· 꽃의 무게로 용액통이 넘어지기 쉬우니, 용액통을 비이커 등의 통 안에 넣어 고정하여 사용한다.
· 잎은 다 제거하지 말고 적당히 남겨 두어야 증산작용으로 물올림이 잘된다.

꽃누르미 기본테크닉
― 미니거베라 꽃누르미 과정

· 개화기 : 사계절
· 화색 : 다색

꽃잎

1 미니거베라를 준비한다.

2 꽃받침까지 꽃을 자른 후 꽃받침 부위에 칼금을 낸다.

3 핀셋으로 꽃술을 솎아준다.

4 겹침이 많은 꽃잎도 떼어낸다.

5 측면으로 누를 경우 줄기를 5~7cm 자른다.

6 꽃을 반으로 가른다.

7 관상화 부위를 조금 남기고 꽃술과 꽃잎을 솎아낸다.

8 자방부위를 도려낸다.

9 샌드페이퍼에 화경을 눌러준다.

10 건조매트위에 화지나 습자지를 올린 후 꽃의 앞부분이 매트로 향하게 올려준다.

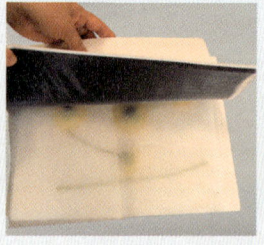

11 스펀지가 있는 부분이 꽃으로 향하도록 건조매트를 덮어 위에서 5~7kg의 무게를 주어 누르미한다.

12 7~12일 후에 꺼낸다.

Point
수분이 많으므로 건조매트를 2회 정도 교체해준다.

꽃누르미 기본테크닉
― 델피니움 꽃누르미 과정

· 개화기 : 6~9월
· 화색 : 파란색, 보라색, 분홍색, 흰색

꽃누르미

1 델피니움을 준비한다.

2 줄기를 알맞은 길이로 자른다.

3 꽃 얼굴 부분을 정면으로 누를 경우 꽃받침까지 꽃을 자른다.

4 측면으로 누를 경우 줄기는 아래부터 반으로 슬라이스하고 꽃의 측면은 반으로 갈라 제거한다.

5 봉우리 부분은 반으로 갈라 제거한다.

6 화경은 샌드페이퍼에 눌러준다.

7 적당량의 꽃을 건조매트 위에 올린다.

8 4~6kg의 무게를 주어 위에서 눌러주고 일주일 후에 꺼낸다.

Point
품종에 따라 딱딱한 꽃술은 제거해준다.

꽃누르미 기본테크닉
— 미니장미 꽃누르미 과정

· 개화기 : 7~8월
· 화색 : 다색

1 미니장미를 준비한다.

2 장미를 정면으로 누를 경우 꽃받침까지 자른다.

3 장미를 펼쳐 꽃잎을 떼어낸다.(장미의 겹이 3장 정도가 되도록 만든다.)

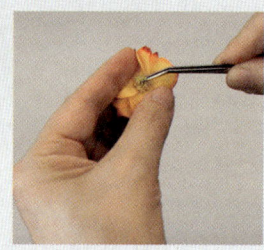

4 핀셋으로 꽃술을 솎아준다.

5 장미를 측면으로 누를 경우 줄기를 5~7cm 길이로 자른다.

6 줄기의 아랫부분부터 꽃받침까지 슬라이스한다.

7 꽃 부분부터는 손으로 반을 갈라준다.

8 씨방 부분은 완전히 파낸다.

9 관상화 부위의 꽃잎은 조금 남기고 안쪽 꽃잎은 제거한다.

10 씨방과 꽃잎을 제거하고 완성된 모습이다.

11 적당량의 꽃을 건조매트 위에 올린다.

12 5~7kg의 무게를 주어 위에서 눌러주고 7~10일 후에 꺼낸다.

Point
모양에 따라 꽃잎을 조립하여 사용한다.

꽃누르미 기본테크닉
─ 카네이션 꽃누르미 과정

· 개화기 : 7~8월
· 화색 : 다색

과정

1 카네이션을 준비한다.

2 카네이션의 줄기를 5~7cm로 자른다.

3 줄기의 아랫부분부터 꽃받침까지 커터칼로 슬라이스한다.

4 꽃잎 부분부터는 손으로 반을 가른다.

5 꽃술과 안쪽 씨방을 제거한다.

6 관상화 부위의 꽃잎은 조금 남기고 안쪽 꽃잎은 제거한다.

7 적당량의 꽃을 건조매트 위에 올린다.

8 5~7kg의 무게를 주어 위에서 눌러주고 7~10일 후에 꺼낸다.

Point
모양에 따라 꽃잎을 조립하여 사용한다.

꽃누르미 기본테크닉
― 과일과 채소 꽃누르미 과정

가지 꽃누르미

1 가지를 1/3 슬라이스한다.

2 슬라이스한 가지의 안쪽 부분을 커터칼로 도려낸다.

3 수저로 깨끗하게 긁어낸다.

4 두께를 2mm 정도로 얇게 만든다.

방울토마토 꽃누르미

1 방울토마토를 1/3 슬라이스한다.

2 슬라이스한 방울토마토의 안쪽 부분을 커터칼로 도려낸다.

3 수분이 많으므로 티슈로 꾹꾹 눌러 닦아준다.

4 두께를 2mm 정도로 얇게 만든다.

고추 꽃누르미

1 고추를 반으로 슬라이스한다. *2* 안쪽 씨를 제거한다. *3* 두께를 2mm 정도로 얇게 만든다.

열매 꽃누르미

1 아로니아 열매를 반으로 슬라이스한다. *2* 안쪽 씨와 속을 도려낸다. *3* 두께를 1~2mm 정도로 얇게 만든다.

과일과 채소 꽃누르미

 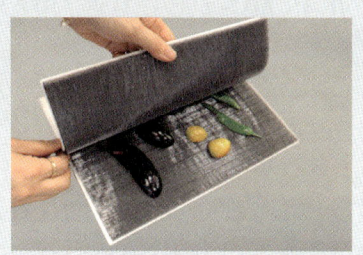

1 손질한 채소들을 건조매트의 실크천이 있는 스펀지 쪽으로 올려놓는다. *2* 또 다른 건조매트를 덮은 후 7kg의 무게로 위에서 눌러준다.(실크천이 있는 스펀지가 채소를 덮도록 한다.)

Point
· 기타 사과, 딸기, 오이, 당근 등 다양한 과일과 채소로도 가능하다.
· 채소와 과일은 수분이 많으므로 건조매트를 2~3회 교체해준다.

꽃누르미 기본 테크닉
— 장미 조립

재료

꽃누르미 장미, 양면씰, 연필, 핀셋, 가위, 동전(500원)

과정

1 장미 꽃잎(큰잎 5장, 중간잎 5장, 작은잎 5장, 접힌 꽃잎 작은 것 2장)을 떼어낸다.

2 500원짜리 동전을 양면씰에 올려놓고 연필로 동그랗게 그린 후 가위로 오려준다.

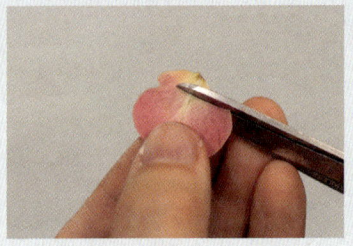

3 장미 잎 아랫 부분을 입술모양으로 자른다.

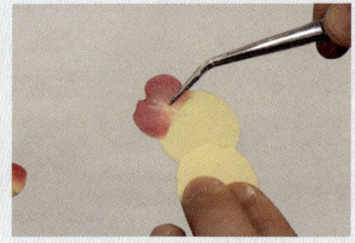

4 양면씰 한쪽 부분을 떼어낸 후 장미 잎을 붙인다(큰잎부터).

5 장미 큰잎 5장을 겹치게 붙인다.

6 장미 중간잎을 장미 큰잎 사이사이에 붙인다.

7 장미 작은잎을 장미 중간잎 사이사이에 붙인 후 장미 중앙에 접힌 꽃잎 2장을 겹치게 붙여 완성한다.

8 Before & After

Point
장미 크기에 따라 동그라미 모양의 크기를 다르게 한다.

꽃누르미 기본 테크닉
— 카네이션 조립

재료

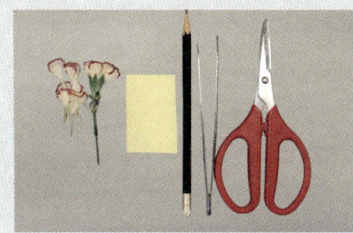

꽃누르미 카네이션, 양면씰, 연필, 핀셋, 가위

방법

1 양면씰 위에 카네이션 크기에 맞게 삼각형을 그린다.

2 삼각형의 양면씰 한쪽 면을 떼어낸 후 카네이션 작은잎을 3장 겹치게 붙인다.

3 카네이션 중간잎 4장을 작은잎의 사이사이 붙인다. (사이드는 접힌 꽃잎을 사용한다.)

4 사이드에 접힌 꽃잎이 연결되게 큰잎을 아래로 꽃잎을 반 접어 붙인 후 꽃받침을 붙인다.

5 Before & After

— 액세서리 —

핸드메이드 브로치

재료

누름꽃(조팝, 아미초), 한지, 꽃엷은 종이, 브로치, 명판, 딱풀, 실리콘레진, 핀셋

만들기

1 명판 위에 딱풀을 바른다.

2 한지를 명판 위에 붙인 다음 실리콘레진을 잘 펴서 바른다.

3 누름꽃을 디자인하여 붙여준다.

4 꽃엷은 종이를 올리고 실리콘레진을 손에 묻혀 얇게 발라준다.

5 휴지로 찍어 내듯 닦아준다. (주의! 문지르지 않는다.)

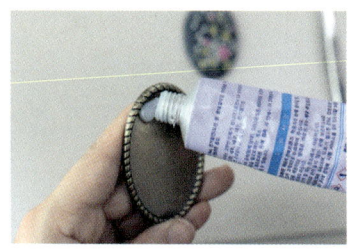

6 브로치 위에 실리콘레진을 사이드에 바른다.

7 완성된 명판을 브로치 위에 붙여 고정시킨다.

8 충분히 건조시킨다.

Point
- 실리콘레진은 투명으로 선택한다.
- 손에 묻은 레진은 비눗물로 잘 씻어준다.

— 액세서리 —

부토니아 핀

재료

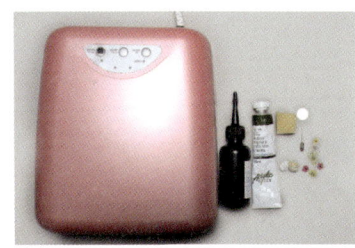

부토니아 핀, 주얼리 점토, 조사기, U/V 용액, 아크릴물감, 스펀지, 붓, 핀셋, 누름꽃(조팝, 아미꽃)

만드는법

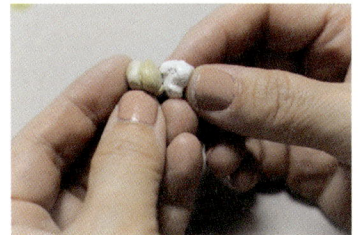

1 주얼리 점토는 점토와 하드너를 1:1 비율로 잘 섞이도록 반죽한다.

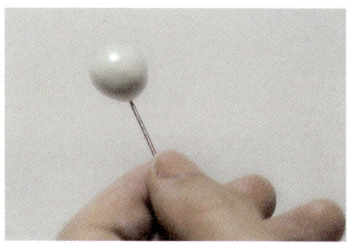

2 주얼리 점토를 동그란 모양으로 만들어 부토니아 핀 위에 붙여준다.

3 스펀지로 아크릴 물감을 찍어 색을 입혀준다.

4 주얼리 점토 위에 누름꽃을 붙여준다.

5 그 위에 붓으로 U/V용액을 잘 펴서 발라준다.

6 조사기에 넣고 3~5분간 기다리면 완성이다.

Point
주얼리 점토에 누름꽃을 붙이고 점토가 경화되면 U/V용액을 바른다.

— 액세서리 —

델피니움 귀걸이

재료

누름꽃(델피니움), 보호지, 핀셋, 조사기,
오링, 귀걸이틀, 롱로우즈, U/V용액

방법

1 U/V용액을 보호지에 떨어뜨린 후 누름꽃을 그 위에 올리고 눌러준다.

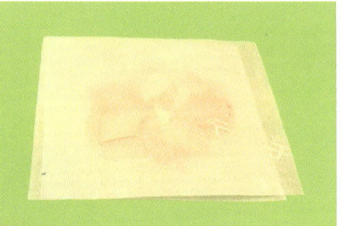

2 보호지를 덮는다.

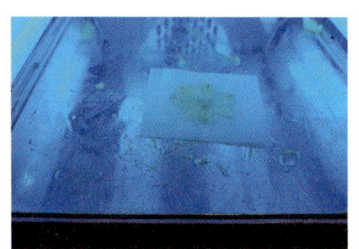

3 꽃의 뒷 부분이 위로 올라오게 한 후 3~5분 동안 조사기에 넣는다.

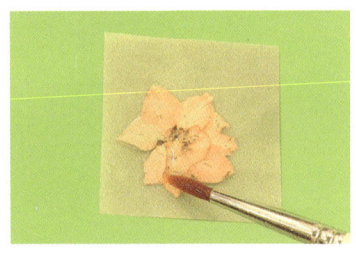

4 꽃의 앞면에 U/V용액을 붓으로 골고루 바른다.

5 큐빅을 붙인 후 조사기에 굽는다.

6 오링을 달고 귀걸이를 연결한다.

Point
U/V용액은 중점도를 사용한다.

― 소 품 ―

나뭇잎 티코스터

재료

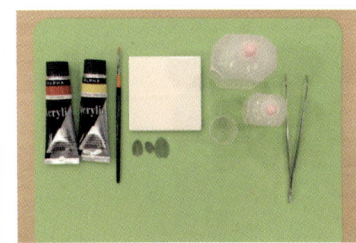

누름꽃(나뭇잎), 아크릴물감, 에폭시, 붓, 타일, 핀셋

만드는법

1 아크릴물감으로 타일에 간단한 그림을 그린다.

2 누름꽃(나뭇잎)을 딱풀로 타일에 붙이고 아크릴물감으로 나무기둥을 그려준다.

3 에폭시를 잘 섞어준다. (주제:경화제=2:1)

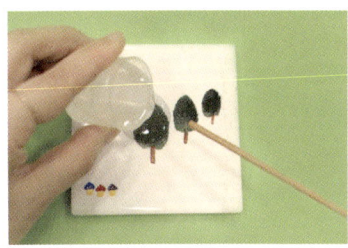

4 에폭시를 전체적으로 붓는다.

5 에폭시를 골고루 펴준다.

6 24시간 경화시키면 완성된다.

Point
에폭시를 얇게 2번 도포한다.

어제가
있어
행복한
오늘

― 소품 ―

엽서

재료

포토 엽서, 바탕지, 꽃 엷은 종이, 누름꽃 (코스모스, 낙엽), 색연필, 실리콘레진, 핀셋

만드는법

1. 꽃누름된 낙엽 잎을 화분모양으로 자른다.

2. 누름꽃을 디자인한 후 실리콘레진으로 붙인다.

3. 디자인된 바탕을 색연필로 칠한다.

4. 꽃 엷은 종이를 덮어준다.

5. 실리콘레진을 얇게 펴서 발라준다. (주의! 실리콘레진은 꽃의 중앙 부분에서 끝으로 발라준다.)

6. 티슈로 찍어내듯 닦아준다. (주의! 문지르지 않는다.)

7. 포토 엽서지에 끼워준다.

8. 충분히 건조시킨다.

Point
· 실리콘레진은 투명으로 선택한다.
· 손에 묻은 레진은 비눗물로 잘 씻어준다.

— 소품 —

정물엽서

재료

서화판, 색연필, 꽃 얇은 종이, 실리콘레진, 핀셋, 꽃가위, 누름꽃(암모비움, 스모크트리)

만들기

1 서화판에 밑그림을 그린다.

2 밑그림을 색연필로 칠한다.

3 누름꽃으로 화병그림의 꽃부분을 디자인한다.

4 꽃 얇은 종이를 꽃 디자인 위에 덮는다.

5 실리콘레진으로 마감 처리한 후 티슈로 실리콘레진을 눌러 닦아낸다.

6 완성되면 꽃잎이 뚜렷해진다.

Point
그림을 활용한 디자인으로 꽃을 붙여 쉽고 간편하게 만들어 볼 수 있다.

— 소품 —

책갈피

재료

핀셋, 트레이싱지, 생화(비올라), 누름꽃 (비올라, 아디안텀), 한지 필름지, 리본, 코튼지, 나무 봉, 펀칭기

방법

1 생화 꽃(비올라)을 코튼지(수채화지)에 올린다.

2 트레이싱지를 덮은 후 나무 봉으로 문질러 꽃 물들임을 한다.

3 물들임 후 남은 꽃은 제거한다.

4 누름꽃(비올라, 아디안텀)을 그 위에 올려 디자인한다.

5 한지 필름지를 덮어서 붙여준다.

6 펀칭기로 구멍을 낸 뒤 리본을 묶어 책갈피를 완성한다.

Point
생화의 물들임을 배경으로 누름꽃과 어우러지게 디자인한다.

— 소품 —

카드 액자

재료

카드액자, 누름꽃(비올라, 불두화, 조팝), 카드대지, 쿠션지, 호일 접착제, 수지판, 창매트, 건조제, 탄산소제, 문자필름, 리본

방법

1. 쿠션지 위에 카드대지를 올려 놓는다.

2. 문자필름을 올린 후 누름꽃으로 디자인한다.

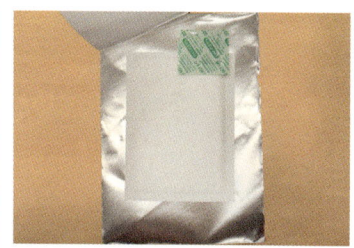

3. 호일 접착제 위에 건조제와 탄산소제를 붙인다.

4. 디자인한 카드대지를 올려 수지판을 덮는다.(접착된 면을 잘 눌러 공기를 뺀 후 밀착시킨다.)

5. 카드액자 안에 넣은 후 창매트를 붙여준다.

6. 완성된 카드액자를 리본으로 묶어 마무리한다.

Point
유리가 아닌 수지판을 이용해서 깨지지 않으며 가볍고 견고하다.

— 소품 —

유리 베이스

재료

유리 베이스, 누름꽃(불두화, 조팝), 빈 용기, 붓, 핀셋, 목공용 접착제

만들기

1 빈 용기에 목공용 접착제와 물을 2:1 비율로 담는다.

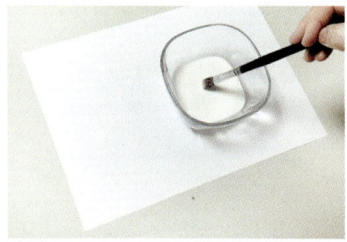

2 목공용 접착제와 물을 잘 저어 섞어준다.

3 유리 베이스 겉면에 붓으로 용액을 발라준다.

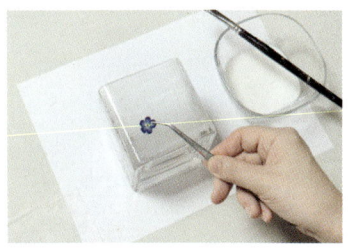

4 누름꽃을 핀셋으로 붙인다.

5 디자인된 누름꽃에 붓으로 다시 용액을 발라준다.

6 투명해질 때까지 건조시켜준다.

Point
- 목공용 접착제를 바를 때 뭉치지 않도록 얇게 펼쳐서 바른다
- 칼라액으로 물올림하여 사용하면 변색없이 오래 유지할 수 있다..

— 소품 —

와인잔 양초

재료

누름꽃(장미, 수국, 장미 잎), 핫플레이트, 소이왁스(컨테이너용), 스텐용기, 내열 와인잔, 심지, 가위, 핀셋, 목공용 접착제

방법

1 목공용 접착제를 와인잔 안쪽에 바르고 골고루 펴준다.

2 꽃의 정면이 와인잔 밖을 향하도록 해서 붙인다.

3 꽃을 디자인하여 붙인다.(목공 접착제는 마르면 투명해진다.)

4 소이왁스를 핫프레이트에 올려 녹여준다.(소이왁스가 녹게 되면 부피가 약 20% 정도 줄어들므로 필요한 용량보다 20% 정도 더 넣어준다.)

5 목공용 접착제를 이용하여 와인잔 중앙에 심지를 붙인다.

6 나무젓가락을 사용하여 심지를 고정 후 녹인 소이왁스를 붓는다. 소이왁스가 굳은 후 심지를 알맞은 길이로 잘라 완성한다.

Point
· 소이왁스는 녹는점이 50℃이므로 화상에 주의한다.
· 24시간 굳힌 후 사용한다.

— 소품 —

접이 부채

재료

접이 부채, 핀셋, 누름꽃(코스모스), 접착 한지 필름지, 임시고정용 스프레이접착제

만들기

1 접이 부채를 펼친 후 임시고정용 스프레이접착제를 뿌린다.

2 원하는 곳에 코스모스 잎을 붙인다.

3 그 위에 코스모스 꽃을 붙인다.

4 접착 한지 필름지를 붙여 마감한다.

5 부채의 골을 따라 접어준다.

6 펼쳤다 접었다를 반복하여 부채가 자연스럽게 펼쳐질 수 있도록 한다.

Point
칼라액으로 물올림한 누름꽃을 사용하면 변색없이 오래 유지할 수 있다.

— 소품 —

데코 스티커

재료

선물포장박스, 투명필름지, 핀셋, 가위, 누름꽃(수국, 고사리, 아미초)

방법

1 투명필름지를 벗겨 누름꽃을 올린 뒤 투명필름지를 다시 덮어 문질러 준다.

2 0.5cm의 간격을 두고 가위로 오린다.

3 오려놓은 누름꽃을 하나하나 벗겨낸다.

4 선물 포장 박스 위에 떼어낸 누름꽃을 붙인다.

Point
꽃누르미 스티커는 필요할 때 간편히 사용할 수 있다. (다이어리, 선물포장 등)

― 원 목 ―

한지 스탠드

재료

가위, 실리콘레진, 누름꽃(낙엽, 코스모스), 핀셋, 한지 스탠드

만들기

1 누름꽃 낙엽을 가위로 자른 후 실리콘레진으로 붙여준다.

2 누름꽃(코스모스)을 디자인 후 실리콘레진으로 붙여준다.

3 누름꽃 위에 풀한지를 올려 다리미 열로 붙여준다.

Point
다리미는 중간열로 작업한다.

4 풀한지 위쪽을 자른 후 마감처리한다.

— 원목 —

원목 시계

재료

원목 시계틀, 핀셋, 가위, 아크릴물감, 스펀지, 누름꽃(아디안텀, 마가렛, 수국, 물망초, 조팝), 한지필름지

만들기

1. 아크릴물감을 스펀지에 묻혀 찍어준다.
2. 리스틀을 반원의 형태로 디자인한다.
3. 누름꽃(아디안텀, 수국)을 디자인된 배경위에 올려준다.
4. 누름꽃(마가렛, 물망초, 조팝)을 순서대로 디자인해준다.
5. 한지필름지를 붙여 마감한다.(정전기 방지를 위해 벗겨낸 종이를 필름지 위에 받쳐준다.)
6. 시계의 바늘을 분침, 시침, 초침의 순서대로 꽂아서 완성한다.

Point
칼라액으로 물올림 한 누름꽃을 사용하면 변색 없이 오래 유지할 수 있다.

― 원 목 ―

나무쟁반

나무쟁반, 진공펌프, 대지, 알루미늄판, 건조제, 탈산소제, 누름꽃(작약, 비올라, 불두화, 레이스플라워. 아디안텀), 실리콘 레진, 플라스틱 수저

1 대지에 수채화로 밑그림을 그린다.

2 누름꽃(비올라, 불두화, 작약, 아디안텀, 레이스플라워)으로 디자인한다.

3 알루미늄판 위에 건조제와 탈산소제를 올려놓는다.

4 완성된 작품을 그 위에 올리고 주변을 실리콘레진으로 끊어지지 않도록 연결시킨다.

5 유리를 올린 후 실리콘레진이 골고루 퍼지도록 눌러준다.

6 진공펌프를 넣어 공기를 빼준다.

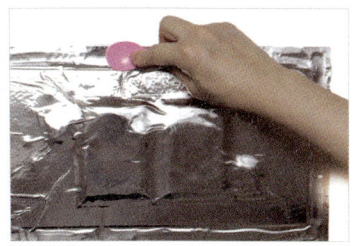

7 대지를 뒤집어 플라스틱 수저로 레진이 퍼지도록 눌러준다.

8 쟁반에 넣어 완성한다.

Point
공기압축법은 누름꽃이 오래 유지된다.

— 원 목 —

원목도마

재료

원목도마, 아크릴물감, 붓, 바니쉬, 스폰지, 목공용 접착제, 가위, 핀셋, 누름꽃(장미꽃잎, 아미초, 백묘국, 자작나무 껍질, 나뭇가지)

방법

1 종이에 벽돌모양으로 구멍을 만들어 채색된 원목도마 판에 댄 후 스폰지에 아크릴 흰색을 찍어 모양을 찍어낸다.

2 스폰지로 바닥부분과 하늘부분을 채색한 후 전체를 흰 눈 덮인 느낌으로 찍어준다.

3 빨간 장미잎을 오려 지붕모양을 만든다.

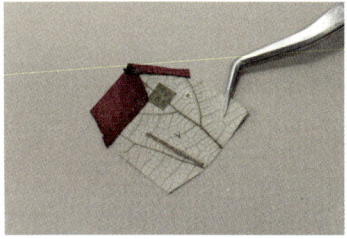

4 모시잎을 오려서 집을 완성한다.

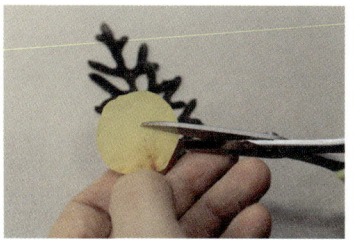

5 노란 장미잎을 오려서 가로등불을 만든다.

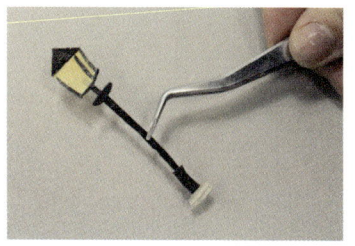

6 검은색 스프레이로 뿌려 놓은 백묘국으로 기둥을 만들어 완성한다.

7 채색된 도마 위에 조립된 집들을 올려놓고 본드로 붙인다.

8 '겨울풍경' 전체에 바니쉬를 발라 마감처리 한다.

Point
겨울소재인 백묘국을 적극 활용한다.

— 액 자 —

단풍 액자

재료

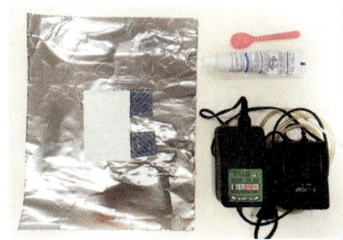

누름꽃(단풍잎), 대지, 아스테이지, 아크릴물감, 붓, 액자, 알루미늄판, 건조제, 탈산소제, 진공펌프, 실리콘레진, 플라스틱 수저

방법

1 단풍잎 뒷면을 아크릴물감으로 칠한다.

2 아크릴물감이 묻은 단풍잎을 대지 위에 올려 아스테이지를 덮어 문지른다.

3 대지에 잎맥이 잘 나오도록한다.

4 가을에 어울리는 여러 칼라를 오버랩하며 찍어준 후 누름꽃 단풍잎을 올려 원근감을 준다.

5 알루미늄판 위에 건조제와 탈산소제를 올려 놓는다.

6 작품을 가운데 올리고 둘레에 실리콘레진을 두른 후 유리를 덮어 진공펌프로 공기를 빼준다.

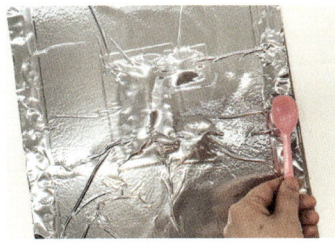

7 공기가 완전히 빠지면 뒷면으로 돌려 플라스틱 수저로 레진을 펴준다.

8 액자에 끼워 완성한다.

Point
잎맥을 찍을때 잎맥이 잘 나오도록 골고루 문지른다.

— 액자 —

봄 액자

재료

알루미늄 호일테이프, 가위, 건조제, 배경지, 실리콘레진, 누름꽃(루드베키아, 마가렛, 수국, 아디안텀, 모시잎, 꽃사과), 액자, 탈산소제, 핀셋

만들기

1 아크릴물감으로 채색한 배경지 위에 커피잔을 그려서 자른 뒤 붙인다.

2 실리콘레진을 사용하여 커피잔에 모시잎과 수국을 붙인다.

3 완성된 커피잔 안에 누름꽃으로 디자인한 후 실리콘레진으로 붙여준다.

4 작품 위에 액자유리를 놓고 뒤집은 후 알루미늄 호일테이프를 붙여 공기를 차단한다(유리직접법).

5 작품 중앙에 건조제와 탈산소제를 올려놓는다.

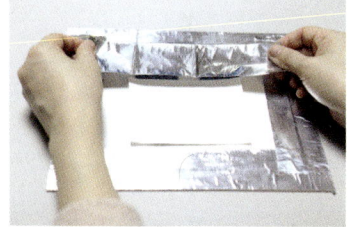

6 건조제와 탈산소제 위에 알루미늄 호일테이프를 붙여 고정한 뒤(누름꽃을 건조하게 유지) 작품을 액자에 넣어 완성한다.

Point
· 작품의 대지는 창매트 보다는 크게 유리 보다는 작게 한다.
· 액자 뒤처리기법은 공기압축법과 유리직접법이 있다.

― 액자 ―

입체 액자

재료

나무판, 아크릴물감, 핀셋, 가위, 실리콘 레진, 대지, 누름꽃, 펜파스텔, 픽사티브(고정액), 투명 필름지

방법

1 나무판 위에 아크릴물감으로 바탕을 칠한다.

2 아크릴 물감으로 칠한 나무판 위에 대지를 올려놓는다.

3 망사천을 위에 덮어준 후 펜파스텔을 붓으로 두드리며 칠해준다.

4 대지와 나무판에 모양이 잘 연결되도록 파스텔을 칠해준다.

5 대지를 분리한 후 나무판 위에 칠한 파스텔이 고정될 수 있도록 픽사티브를 뿌려준다.

6 대지 위에 누름꽃을 디자인한다.

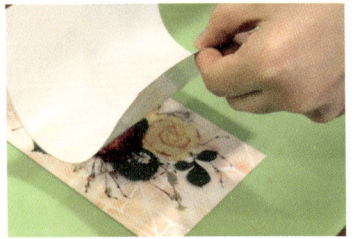

7 투명 필름지를 붙여 고정시킨다.

8 완성된 꽃누르미 대지를 나무판 위에 붙여준다. 파스텔의 그림이 잘 연결되도록 주의한다.

Point
망사의 모양을 잘 활용한다. 픽사티브(고정액)를 뿌릴 때 20cm 거리를 둔다.

— 액자 —

부케 액자

재료 거베라, 장미, 카네이션, 왁스플라워, 안개꽃, 편백, 액자, 진공펌프, 실리콘레진, 알루미늄판, 플라스틱 수저

1 생화부케를 꽃누르미한다.

2 누르미한 꽃을 화지에 디자인한다.(장미는 조립한다.)

3 동그란 원형부케처럼 누름꽃을 입체적으로 표현한다.

4 호접란을 조립한 후 꽃과 꽃 사이에 넣어 디자인한다.

5 그린소재와 왁스플라워를 넣어준다.

6 손잡이 부분에 리본을 만들어 붙인다.

Point
· 생화용으로 받은 부케는 싱싱함을 잘 유지하여 꽃누르미로 작업한다.
· 공기압축 뒤처리는 55, 59페이지 참조하여 작업한다.

— 액 자 —

정물 액자

재료 누름꽃(아네모네), 오일파스텔, 파스텔 전용지, 핀셋, 알루미늄판, 건조제, 탈산소제, 액자, 진공펌프, 실리콘레진, 플라스틱 수저

때문

1 파스텔 전용지에 오일파스텔로 밑그림을 그린다.

2 그림 위에 누름꽃 아네모네를 올려 디자인한다.

3 알루미늄판 위에 건조제와 탈산소재를 올린다.

4 디자인한 아네모네를 그 위에 올린다.

5 레진을 두른 후 유리를 덮어 공기를 완전히 빼준 다음 액자에 넣어준다.

Point
· 그림을 배경으로 꽃누르미의 회화적인 표현을 살려서 디자인하고, 공기압축 시 공기를 완전히 빼준다.
· 공기압축 뒤처리는 55, 59페이지 참조하여 작업한다.

— 액자 —

채소를 이용한 표본 액자

재료: 쪽파, 라피아, 수채화지, 수채물감, 건조재, 탈산소재, 알루미늄판, 액자, 진공펌프, 실리콘레진, 플라스틱 수저

1 쪽파를 반으로 가른 후 건조매트 위에 꽃화지를 깔고 올린다.

2 그 위에 꽃화지를 덮는다.

3 꽃화지 위에 다시 매트를 올려 쪽파를 누르미한다.

4 1주일 후 건조된 쪽파를 수채화지에 채색 후 디자인한다. 공기압축으로 뒤처리 후 액자에 넣는다.

Point
- 채소는 수분이 많으므로 누름건조 시 건조매트를 2~3회 갈아준다.
- 공기압축 뒤처리는 55, 59페이지 참조하여 작업한다.

Chapter 2

프리저브드 플라워

프리저브드플라워(Preserved Flower)는 '보존하다' 라는 의미로 생화와 같이 보존된 상태를 의미한다. 조화도 아니고 드라이플라워도 아닌 생화 그대로이면서 물이 필요 없는 꽃이다. 또한 생화가 가장 아름답게 폈을 때 꽃을 따서 보존용액을 사용하여 생화의 아름다움을 그대로 장기간 보존할 수 있도록 만든 새로운 개념의 꽃이다.

프리저브드플라워 기본 테크닉
— 투패스 방식(침전방식)

재료

알파용액(탈수, 탈색), 베타용액(착색, 보존), 염료, 생화 장미, 고무장갑

따뜻

1 장미의 줄기를 2cm 정도 남겨두고 자른다.

2 알파용액(탈수, 탈색)에 장미가 잠기도록 넣는다.

3 베타용액(착색, 보존)에 염료(핑크 1ml)를 넣고 나무젓가락으로 잘 젓는다.

4 알파용액에서 24~72시간 경과 후 장미를 꺼내어 거꾸로 한 뒤 용액을 털어준다.

5 베타용액(착색, 보존)에 장미를 넣는다.

6 장미가 용액에 잠기게 한다.

7 48시간 경과된 후 베타용액(착색, 보존)에서 장미를 꺼낸다.

8 바닥에 신문을 깐 후 건조대에 장미를 올려 3 ~ 5일 건조한다.(습도 : 45~50%)

Point
환기를 잘 시키고 화재에 주의한다. 알파용액(탈수, 탈색)에서 꺼낸 장미는 딱딱해져서 깨지기 쉬우므로 조심스럽게 다룬다. 물올림으로 안 되는 식물은 침전방식으로 한다.

프리저브드플라워 기본 테크닉
— 물올림 방식

안개보존액 사용방법

재료

안개보존액, 생화 안개꽃, 1L 비커, 꽃가위

방법

1 1L 비커에 안개보존액을 400ml 담고, 생화 안개꽃 줄기를 잘 정리하여 사선으로 자른 후 꽂아 3일간 물올림한다

2 3일 후 꺼내어 잘 건조시키면 완성된다.

장미그린용액 사용방법

재료

장미그린용액, 유칼립투스, 미니장미, 1L 비커, 꽃가위

방법

1 1L 비커에 장미그린용액을 400ml 담고, 생화 유칼립투스, 미니장미 줄기를 잘 정리하여 사선으로 자른 후 꽂아 3일간 물올림한다.

2 3일 후 꺼내어 잘 건조시키면 완성이다.

Point

줄기가 꺾인 부분은 물올림이 안되므로 꺾인 부분 위쪽을 잘라준다. 직사광선을 피해 통풍이 잘되는 그늘진 곳에서 물올림한다. 물올림이 끝난 소재들은 거꾸로 매달아서 5~7일정도 건조시킨다. 물올림과 건조 시 선풍기나 에어컨 바람이 닿지 않도록 한다.

프리저브드플라워

— 용액 사용법 및 주의사항

CL-30 안개칼라액

1. 농도가 맞추어져 있으니 원액을 희석하지 않고 바로 사용한다.
2. 용액흡수 후 꽃의 무게로 용액통이 넘어질 수 있으니 고정하여 사용한다.
3. 꽃이 용액을 흡수하면 줄기 끝이 공기 중에 노출될 수 있으니 충분히 깊게 담근다.
4. 한 번에 다 부어 사용하지 말고 사용할 때마다 추가하여 사용한다. 용액 속에는 진딧물이나 흙, 이파리들로 용액이 오염되어 있으니 사용한 용액을 원래의 새 용액통에 다시 부어 합하지 않는다.
5. 유해하니 용액을 마시지 않도록 하고, 손이나 옷에 묻으면 잘 지워지지 않으니 주의한다.

DP-24 안개보존액

1. CL-30 안개칼라액 2~5번 내용과 동일하다.
2. 열탕처리를 해주면 더 잘 물올림된다.
3. 안개꽃은 물올림 안한 싱싱한 안개꽃을 사용한다. 줄기가 꺾였던 부분은 물올림 되지 않는다.
4. 생화의 품종에 따라서 결과가 조금 달라질 수 있다. 연한색상(베이비핑크, 라이트그린 등)은 하루 정도 지나야 색이 나타난다.
5. 안개꽃상태에 따라 다르지만 3일 물올림 후 색이 밝더라도 건조시작 후 4~5일이 되면 색이 더 선명해지고 진해진다.
6. 과도하게 건조하면 완성된 꽃의 품질이 저하될 수 있으니 적절한 습도인 40~50%를 유지해야한다.

DP-24 장미그린용액

1. 용액흡수 후 소재의 무게로 용액통이 넘어질 수 있으니 고정하여 사용한다.
2. CL-30 안개칼라액 3~4번 내용과 동일
3. 열탕처리를 해주면 더 잘 물올림된다.
4. 유해하니 용액을 마시지 않도록 하고, 손이나 옷에 묻으면 잘 지워지지 않으니 주의한다.
5. 소재는 물올림 안한 싱싱한 소재를 사용한다. 연한 새순과 꺾인 부분은 물올림 시 시들게 된다.
6. 생화의 품종에 따라 결과가 조금 달라질 수 있다.
7. 소재상태에 따라 다르지만 3일 물올림 후, 건조 시작 후 4~5일이 되면 줄기의 그린색이 탈색되며 색이 더 선명해지고 진해진다.
8. 건조 시 과도하게 건조한 환경에서 건조하면 완성된 꽃의 품질이 저하될 수 있으니 건조간 적절한 습도인 40~50%를 유지해야한다.

프리저브드플라워

— 들꽃아트 색상표(MG)

MG액 교육용셋 색상(15색)

01 인디고블루
02 파랑
03 초록
04 라이트그린
05 핫옐로우
06 젤리
07 맨더린
08 브랜치
09 소프트레드
10 분홍
11 라벤더
12 라이트퍼플
13 라이트브라운
14 갈색

15 연검정

MG액 추가 색상(26색)

16 로얄블루
17 마린블루
18 소프트블루
19 하늘색
20 제이드그린
21 포레스트그린
22 내츄럴그린
23 소프트피
24 연두
25 소프트그린
26 화이트피
27 옐로그린
28 노랑
29 캐롯
30 피치
31 주황
32 인디핑크
33 빨강
34 핑클
35 연분홍
36 자주보라
37 라이트바이올렛
38 보라
39 엑스레이
40 라이트블랙
41 검정

특허 제10-1199989호

프리저브드플라워

― 들꽃아트 색상표(DP-24) ①

DP-24 카네이션용액 색상(4색)

| 01 카핑크 | 02 카레드 | 03 카오렌지 | 04 카옐로우 |

DP-24 장미그린용액 색상(11색)

01 진핑크 02 진블루 03 진그린 04 진바이올렛 05 장미옐로우 06 진레드 07 장미화이트
08 후레쉬그린 09 장미오렌지 10 장미핑크 11 진로얄블루

* 실제 색상과 차이가 있을 수 있습니다.

특허 제10-1789718호, 특허 제10-1865760호

프리저브드플라워

— 들꽃아트 색상표(DP-24) ②

DP-24 안개보존액 색상(46색)

01 소프트블루	02 스카이블루	03 소프트바이올렛	04 소프트핑크	05 소프트옐로우	06 소프트레드	07 소프트오렌지
08 빈티지그레이	09 소프트그린	10 라이트그린	11 로얄블루	12 블루	13 바이올렛	14 핑크
15 진옐로우	16 레드	17 빈티지브라운	18 세피아	19 베이비핑크	20 화이트	21 피콕그린
22 민트그린	23 퍼플	24 라벤더	25 라이트브라운	26 로즈핑크	27 와인	28 마린블루
29 그린	30 내츄럴그린	31 핫로얄블루	32 핫블루	33 핫바이올렛	34 핫핑크	35 핫옐로우
36 핫레드	37 핫오렌지	38 핫퍼플	39 핫그린	40 핫옐로그린	41 진오렌지	42 피치
43 아이보리	44 크림	45 비비드핑크	46 핫블랙			

특허 제10-1789718호, 특허 제10-1865760호

프리저브드플라워

— 들꽃아트 색상표(CL-30)

CL-30 안개칼라액 색상(22색)

* 실제 색상과 차이가 있을 수 있습니다.

특허 제10-1855329호

프리저브드플라워

— 프리저브드플라워가 잘 되는 꽃과 식물 및 주의사항

프리저브드플라워가 잘 되는 꽃과 식물

- 안개보존액(물올림) : 안개꽃, 미스티블루, 라그라스, 강아지풀 등
- 장미그린용액(물올림) : 미니장미, 유칼립투스, 미스티블루, 시네신스, 냉이초, 라그라스 등 그린소재
- 투패스 방식(침전) : 장미, 카네이션, 카라, 수국, 덴파레, 거베라, 백합 등

좋은 꽃 고르는 방법

- 꽃잎에 상처가 없고, 부드럽게 부풀어 올라 팽창한 것
- 꽃잎의 끝부분과 뒷부분이 갈색으로 변하지 않은 꽃
- 꽃잎이 적은 것 보다는 많은 것이 좋으며, 본래의 색이 옅을수록 탈색이 용이하다.
- 꽃잎의 크기가 작고 꽃잎이 적당한 두께를 가지며, 웨이브가 강할수록 프리저브드플라워의 효과를 크게 볼 수 있다.
- 장미의 품종에 따라 프리저브드플라워의 효과 차이가 난다.
- 꽃의 중심이 단단한 것은 피한다.
- 검붉은 컬러의 장미는 피한다.

보관시 주의사항

- 직사광선을 받으면 컬러의 변색이 빠르게 진행되므로 주의한다.
- 습도에 민감하므로 적당한 습도인 45~55%를 유지해 준다.
- 습도가 70% 이상일 경우 습기를 머금게 되면서 꽃잎이 투명하게 변한다.
- 습도가 30% 이하가 지속되면 갈라짐과 부서짐 현상이 생긴다.

프리저브드플라워
— 와이어링 기법 ①
와이어를 이용하여 꽃의 줄기를 만들어준다.

크로스메소드(Cross Method)

1 꽃의 줄기에 24번 또는 26번 와이어를 관통시킨다.

2 +자 형태로 또 하나의 와이어를 관통시킨다.

3 와이어를 줄기와 같이 일자로 내려서 플로랄테이프로 감는다.

훅메소드(Hook Method)

1 와이어 24번 또는 26번을 줄기 아래에서 사선으로 꽂는다.

2 사선으로 꽂은 와이어를 꽃의 중앙으로 올라오게 한 후 후크를 만든다.

3 후크가 꽃의 중앙까지 내려오도록 와이어를 당겨 내린 후 또 다른 와이어를 줄기에 관통한다.

4 줄기와 같이 일자로 내려서 플로랄테이프로 감는다.

프리저브드플라워
― 와이어링 기법 ②

트위스트메소드(Twist Method)

1 수국의 줄기 윗부분에 27번 와이어를 +자 모양으로 올린다.

2 와이어를 줄기와 같은 방향으로 내려준다.

3 긴 쪽 와이어를 이용해 짧은 와이어와 줄기를 함께 트위스팅한다.

4 플로럴테이프로 감아준다.

헤어핀메소드(Hair-pin Method)

1 27번 와이어를 잎 뒷면 잎맥의 1/3을 땀 떠준다.

2 줄기와 나란히 와이어를 내려준다.

3 긴 쪽 와이어를 이용해 짧은 와이어와 줄기를 함께 트위스팅한다.

4 플로럴테이프로 감아준다.

프리저브드플라워
— 와이어링 기법 ③

리본만들기(French Bow 기법)

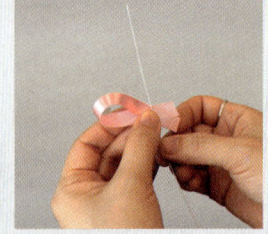
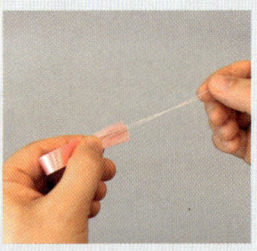
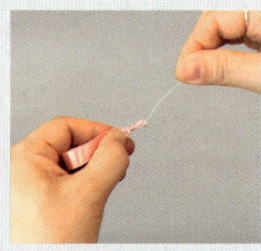

1 리본으로 고리 1개를 만들고 와이어를 리본에 올린다.

2 와이어를 리본 끝 방향으로 하여 일자로 내린다.

3 긴 쪽 와이어를 이용해 짧은 와이어와 리본을 함께 트위스팅한다.

4 플로랄테이프로 감아준다.

리본만들기(Bow 기법)

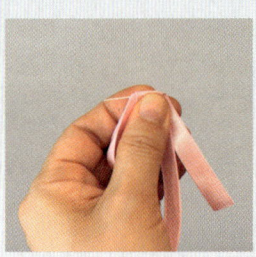

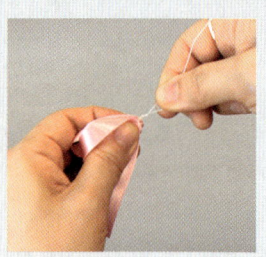

1 8자 모양으로 고리를 만든다.

2 리본 중앙에 와이어를 올리고 반으로 접는다.

3 와이어를 일자로 내린다.

4 와이어를 돌려 꼬아준 뒤 펼치면 고정된 리본을 만들 수 있다.

프리저브드플라워
— 장미 블루밍 기법(Rose Blooming)

1 장미꽃의 꽃받침을 핀셋으로 떼어낸다.

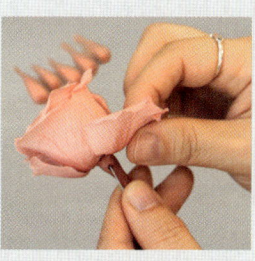

2 장미잎은 겉부터 손으로 떼어낸다.

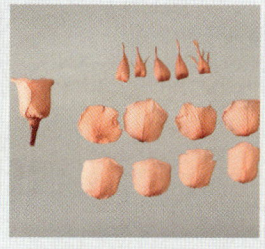

3 꽃받침과 장미잎을 순서대로 놓는다.

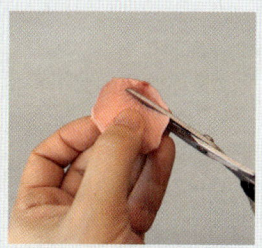

4 장미잎의 아래 부분을 입술모양으로 자른다.

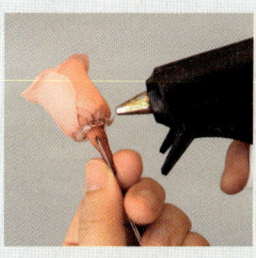

5 장미잎을 떼어낸 부분에 글루를 둘러준다.

6 글루가 식기 전에 장미의 화형을 펼쳐준다.

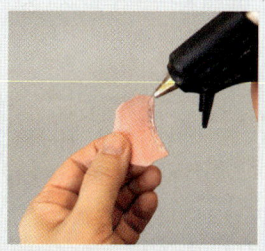

7 장미잎 아래 부분에 글루를 일자로 바른다.

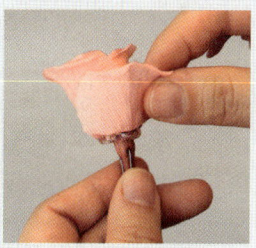

8 장미 꽃잎이 꽃잎과 꽃잎 사이에 겹쳐지도록 붙인다.

9 꽃받침을 떼어낸 부분에 글루를 바른다.

10 꽃받침을 붙인다.

11 Before & After

― 액세서리 ―

누드코팅 액세서리

재료

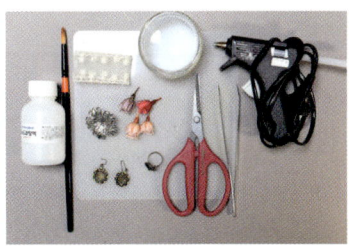

누드코팅액, 장신구(브로찌, 귀걸이, 반지), 레이스, 붓, 빈병, 글루건, 가위, 핀셋, 실리콘패드, 프리저브드플라워(마이크로장미 4송이)

방법

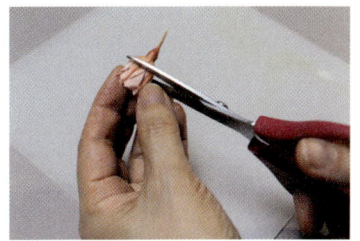

1 프리저브드플라워 마이크로장미의 아래 부분을 1/3 정도 자른다.

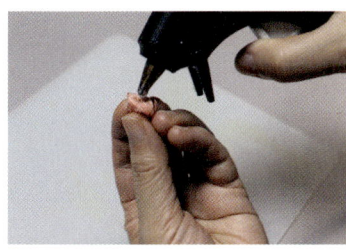

2 장미 밑둥에 글루를 바른다.

3 실리콘패드에 붙여 장미를 펼쳐준다.

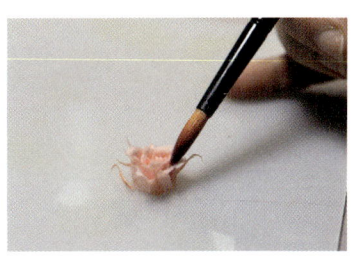

4 누드코팅액을 골고루 바른다.

5 장신구 밑판에 글루를 바른 후 레이스를 붙인다.

6 코팅액을 바른 장미를 장신구에 글루건으로 고정시킨다.

Point
프리저브드플라워에 누드코팅액을 골고루 발라주어야 부서짐을 막아준다.

— 액세서리 —

누드코팅 웨딩장식

재료

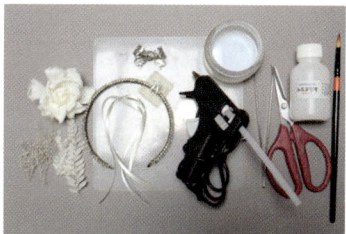

누드코팅액, 헤어장식을 위한 머리띠, 장신구, 리본, 붓, 빈병, 글루건, 가위, 핀셋, 실리콘패드, 프리저브드플라워(가드니아, 고사리, 안개꽃)

방법

1 프리저브드플라워 가드니아에 누드코팅액을 골고루 발라준다.

2 프리저브드플라워 안개꽃에 누드코팅액을 발라준다.

3 프리저브드플라워 고사리에 누드코팅액을 발라준다.

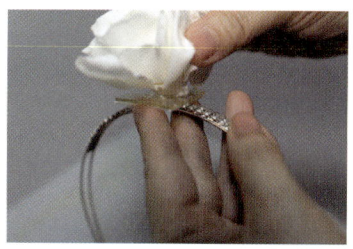

4 머리띠에 코팅된 가드니아 꽃을 글루건으로 붙여준다.

5 코팅된 고사리와 안개꽃을 글루건으로 붙여준다.

6 장신구와 리본을 붙여 디자인한다.

Point
프리저브드플라워에 누드코팅액을 골고루 발라주어야 부서짐을 막아준다.

― 액세서리 ―

누드코팅 코사지

재료

천코사지, 브로치핀, 프리저브드플라워 미니장미, 누드코팅액, 붓, 빈병, 글루건, 가위, 핀셋, 목공용 접착제, 실리콘패드

만들기

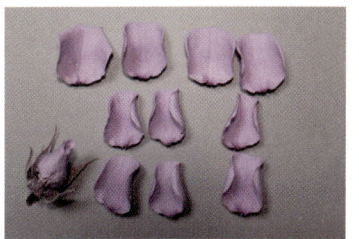

1 프리저브플라워 미니장미를 겉잎부터 차례로 뜯어서 순서대로 놓는다.

2 가운데 심을 꽃술과 분리한다.

3 꽃술과 분리한 장미심을 반으로 자른 뒤, 글루를 골고루 바르고 실리콘패드에 붙인다.

4 장미잎을 천코사지 높이에 맞게 잘라준다.

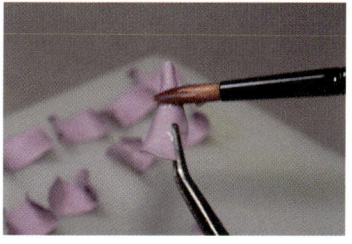

5 장미심과 장미잎 앞, 뒷면에 코팅액을 골고루 발라준다.

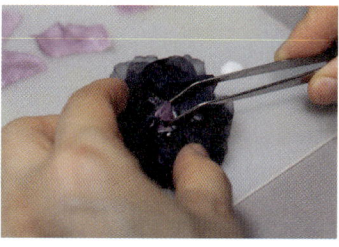

6 천코사지 중앙에 목공용 접착제나 글루를 발라준 뒤, 장미심을 붙인다.

7 천코사지 위의 첫장 뒷면에 목공용 접착제나 글루를 바르고, 잎 사이사이에 코팅된 장미잎을 순서대로 돌아가며 붙인다.

8 완성된 코사지 뒷면에 브로치핀을 글루로 붙인다.

Point
장미의 모양을 살려 겹겹이 붙인다.

— 액세서리 —

무궁화 코사지

재료

프리저브드플라워(무궁화, 수국, 안개꽃, 나뭇잎), 리본, 코사지용 자석, 와이어, 가위, 플로랄테이프

만드는법

1 무궁화 꽃받침 부분에 크로스메소드로 와이어링한다.

2 와이어를 일자로 내린 후 플로랄테이프로 감는다.

3 무궁화를 제외한 나머지 소재들은 트위스트메소드로 와이어링하고, 나뭇잎은 헤어핀메소드로 와이어링 한 후 플로랄테이프로 감는다.

4 무궁화꽃을 중심으로 수국을 삼각형 구도로 잡아준다.

5 라이스플라워, 안개꽃, 나뭇잎 순으로 잡아준다.

6 바인딩 포인트에서 묶어준다.

Point
꽃의 종류만 바꾸면 다양한 행사에 어울리게 활용할 수 있다.

7 뒷부분에 코사지용 자석을 붙여 플로랄테이프로 끝까지 감아준다.

8 리본을 달아 완성한다.

— 액세서리 —

헤어핀

재료

프리저브드플라워(장미, 메리골드, 수국, 안개꽃), 빗핀, 리본, 구슬, 와이어(27번), 가위, 핀셋, 글루건, 실리콘패드

방법

1 빗의 길이 만큼 리본을 자른 뒤 양면테이프로 고정시킨다. 장미는 밑 1/3 지점을 잘라 글루를 잘 발라준다.

2 실리콘패드 위에 붙여 모양을 펴준다.

3 글루가 식으면 실리콘패드에서 떨어진다.

4 장미, 수국 순서로 붙인 뒤 높이가 낮은 메리골드 꽃은 적당한 곳에 붙여준다.

5 안개꽃을 틈 사이에 채워 넣는다.

6 핑크 계열의 구슬을 와이어에 꿰어 준다.

7 높이를 잘 확인해 구슬이 장미꽃보다 높게 보일 수 있도록 붙여준다.

8 붙인 꽃들을 마무리하여 완성한다.

— 액 자 —

보태니컬

재료

아크릴액자, 프리저브드플라워 노무라, 핀셋, 라피아

만듦

1 프리저브드플라워 노무라를 아크릴액자 하판 위에 디자인한다.

2 라피아를 묶어 내추럴한 분위기를 만들어 준다.

3 상판 아크릴을 조심스럽게 덮어 준다.

4 4면을 나사로 단단히 고정시켜 아크릴액자를 완성한다.

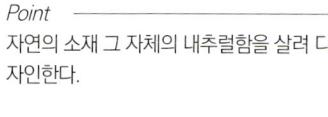

Point
자연의 소재 그 자체의 내추럴함을 살려 디자인한다.

꽃바구니 만들기

1 바인딩 포인트에 맞춰 잡아놓은 장미 사이로 니게라를 어레인지한다.

2 전체적으로 조화를 이루도록 디자인한다음 바구니에 잘 고정시킨다.

3 액자 위에 고정시켜 꽃다발 액자를 완성한다.

— 액자 —

꽃바구니

재료

나무 액자, 가위, 핀셋, 와이어 지끈, 프리저브드플라워(장미, 니겔라, 유칼립투스, 라그라스(강아지풀), 안개꽃)

바구니 만들기

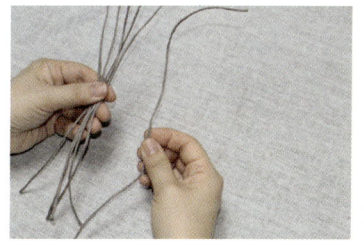

1 와이어 지끈 짧은 줄(22cm) 5개, 긴 줄(128cm) 1개를 준비한다.

2 짧은 줄 5가닥을 잡고 중간을 긴 줄로 묶는다.

3 짧은 줄을 방사형으로 펼쳐준다.

4 가운데 묶은 곳을 중심으로 긴 줄을 아래위로 엮어간다.

5 밑판을 만든 후 기둥으로 엮어 올라간다.

6 긴 바구니 모양이 되도록 만들어 준다.

Point
지끈의 길이에 따라 바구니의 크기를 조절할 수 있다.

7 끝부분은 첫 줄에 엮어 고정시킨다.

8 충분히 긴 줄로 손잡이를 만들어 준다.

― 액자 ―

사각유리

재료

사각 유리액자, 생화용 접착제, 가위, 핀셋, 프리저브드플라워(장미, 수국, 안개꽃, 스모크트리, 지니아, 시스터팬, 익소니아)

만들기

1 액자에 원형의 리스 모양으로 스모크트리를 붙여준다.

2 수국을 붙여 원형을 채워준다.

3 장미의 밑둥을 자른다.

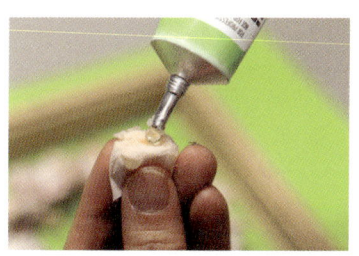

4 생화용 접착제를 잘라놓은 장미 밑부분에 충분히 발라준다.

5 장미를 붙여 디자인한다.

6 지니아에 생화용 접착제를 붙여 디자인한다.

7 카네이션을 붙여준다.

8 안개꽃, 시스터팬, 익소니아의 순서로 붙여준 뒤, 원형의 리스모양으로 완성한다.

Point
· 생화용 접착제는 경화속도가 빠르므로 디자인 후 빠르게 작업한다.
· 생화용 접착제는 경화되면 투명해진다

— 액 자 —

미니 원형 리스

재료

프리저브드플라워(마이크로 장미, 수국, 스타플라워, 안개꽃), 나무판, 가위, 글루건

만들기

1 사각 나무판 위에 수국을 원형으로 올려놓는다.

2 글루를 사용하여 고정시킨다.

3 컬러가 다른 수국으로 앞모습이 예쁘게 보이도록 글루건으로 고정시킨다.

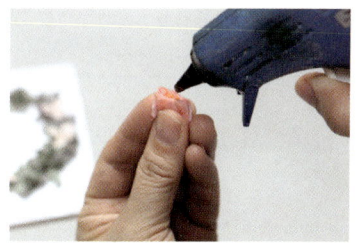

4 장미 밑둥을 자른 뒤 글루를 골고루 묻혀준다.

5 장미를 붙여 모양을 예쁘게 펼쳐준다.

6 안개꽃, 스타플라워를 사이사이에 붙여 마무리 해준다.

Point
나무판에 원형을 그린 후 수국을 붙이면 원형 모양을 잘 살려 작업할 수 있다.

― 액 자 ―

꽃다발 유리관

재료

프리저브드플라워(카네이션, 미니장미, 수국, 안개꽃, 시스타펀, 아스파라거스), 라피아, 생화용 접착제, 가위, 핀셋, 글루건

만들기

1 양면 유리액자 안쪽에 시스타펀을 생화용 접착제로 고정한다.

2 시스타펀 위에 카네이션, 미니장미, 수국을 꽃다발 형태로 디자인한 뒤 생화용 접착제로 고정한다.

3 안개꽃과 아스파라거스를 비어 있는 공간에 채워준 뒤 생화용 접착제로 고정한다.

4 꽃다발 형태로 안개꽃 가지를 줄기로 연결한 뒤 라피아를 리본으로 만들어 글루건으로 줄기에 붙인다.

Point
생화의 꽃다발처럼 내추럴하게 작업한다.

— 액자 —

그림 X 화관

재료

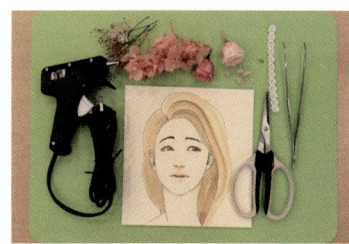

그림, 글루건, 가위, 핀셋, 리본, 프리저브드플라워(장미, 수국, 스타플라워, 안개꽃), 큐빅

방법

1 그림 위에 리본을 붙인다.

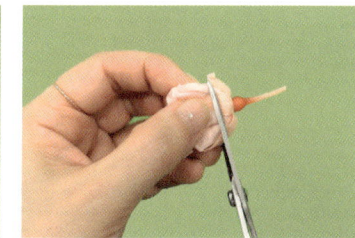

2 장미 밑둥을 자른다.

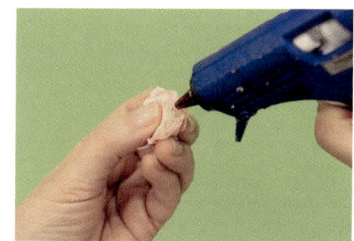

3 글루를 바른다.

4 장미를 붙여준다.

5 수국과 안개꽃, 스타플라워를 차례대로 붙여준다.

6 큐빅을 수국에 붙여주고 완성한다.

Point
신부의 그림이나 사진으로 응용할 수 있다.

꽃다발

스템 로즈

재료

프리저브드플라워(장미, 스템(줄기)), 가위, 글루건

방법

1 장미꽃 밑둥을 바짝 자르고 구멍을 낸다.

2 스템 윗부분을 사선으로 자른다.

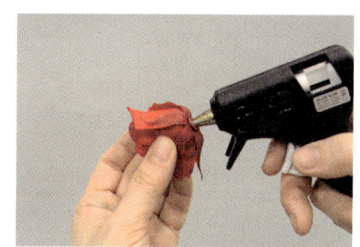

3 구멍을 낸 부분에 글루를 채운다.

Point
장미는 투패스 방식으로 만들고, 스템은 장미그린용액에 물올림방식으로 만든다.

4 스템과 장미꽃을 연결한다.

— 꽃다발 —

축하 꽃다발

재료

프리저브드플라워(장미, 안개꽃, 노무라, 라이스플라워, 유칼립투스, 수국), 와이어(24번, 27번), 플로랄테이프, 가위, 포장지, 리본

만들기

1 블루밍한 장미를 크로스메소드한다.(24번, 26번)

2 플로랄테이프로 와이어를 감아준다.

3 수국과 소재들은 트위스트메소드 한다.(27번)

4 줄기가 있는 안개꽃과 스타플라워는 그대로 준비한다.

5 바인딩 할 한 점을 중심으로 와이어를 꺾어 장미를 잡아준다.

6 수국과 라이스플라워를 시작으로 안개꽃, 유칼립투스, 노무라를 어레인지해 잡아준다.

7 바인딩 포인트를 묶고 꽃다발을 포장지에 올린다.

8 순서에 따라 모양을 잘 잡아 포장한 뒤 리본으로 마무리 한다.

Point
꽃다발 포장시 밴딩이 헐거우면 꽃다발과 포장이 분리되므로 밴딩에 유의한다.

4 인플레이터기로 바람을 넣어서 모양을 확인한다.

5 PVC풍선의 옆 부분을 꽃이 들어갈 만큼 가위로 잘라 꽃을 넣어준다.

6 꽃을 넣은 후 실링기로 봉합해준다.

— 꽃다발 —

풍선 꽃다발

재료

PVC풍선, 포장지, 리본, 인플레이터기, 실링기, 테이프(플로랄테이프, 스카치테이프), 고무줄, 가위, 고무풍선(5인치, 7인치), 부케형 홀더, 시트지, 프리저브드 플라워(장미, 미스티블루, 수국, 스타플라워, 카르파펨, 포아플란츠, 티머시그래스)

만들기

1 장미는 훅메소드로 와이어링한 뒤 플로랄테이프로 감아준다. 장미와 수국을 제외한 모든 소재는 자연 줄기를 그대로 사용하여 부케 모양으로 핸드타이하고 줄기는 5cm로 자른다.(바인딩 풍선으로 묶어준다.)

2 줄기 부분을 플로랄테이프로 감아준다. 바닥부분도 감싸서 철사부분이 튀어나오지 않도록 포장한 후 고무줄로 감아준다.

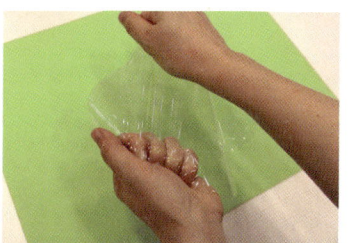

3 PVC풍선을 위아래 양옆으로 잡아당겨준다. 뒤집어서 똑같이 잡아당겨준다.(풍선에 바람을 넣었을 때 동그랗게 모양이 잘 나오도록 하기 위함이다.)

7 인플레이터기를 이용해서 바람을 넣은 후 위에서 3cm 정도 아래에 매듭으로 묶어준다. 이때 꽃다발을 손잡이 부분으로 오게 해서 풍선으로 묶어주고, 매듭과 매듭사이는 고무줄로 다시 한 번 묶어준다.

8 포장을 한 후 스틱을 꽂아 부케형 홀더에 꽂아주고 레터링 작업으로 마무리한다.

Point
꽃다발과 풍선의 밴딩은 고무줄과 긴 풍선으로 한다(와이어로 할 경우 풍선에 바람이 빠질 수 있다).

— 인테리어 소품 —

꽃얼음 칵테일

재료

프리저브드플라워(장미, 수국, 안개꽃, 유칼립투스), 와인잔, 실리콘몰드, 젤왁스, 와이어, 가위, 플로랄테이프

꽃얼음 만들기

1 젤왁스는 녹는점이 80~90℃, 붓는점은 70℃의 고온이니 주의한다.

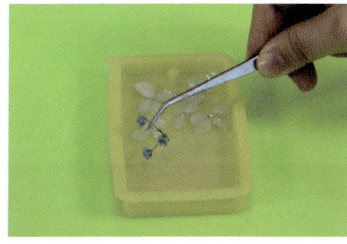

2 젤왁스를 실리콘몰드에 붓고 프리저브드플라워 수국과 안개꽃을 핀셋으로 집어 넣어준다.

3 식은 뒤 경화된 젤을 떼어낸다.

4 꽃의 외형에 유의하여 각얼음의 모양으로 자른다.

꽃 손질하기

 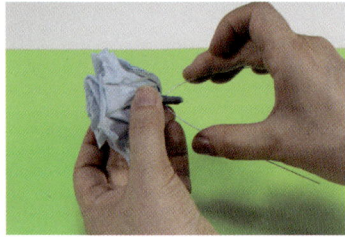 

1 장미꽃은 크로스메소드로 와이어링한다.

2 미니장미는 훅메소드로 와이어링한다.

3 줄기가 가는 수국과 소재는 트위스트메소드로 와이어링한다.

4 사용할 소재를 모두 와이어링 한 뒤 플로랄테이프로 감아준다.

배치하기

1. 열을 가하여 녹인 젤을 와인잔에 부어준다.

2. 젤이 경화되기 전 프리저브드플라워 안개꽃과 수국을 핀셋으로 집어 넣어준다.

3. 와인잔에 젤왁스가 경화된 후 꽃얼음을 주변에 넣어준다.

4. 장미꽃, 수국, 그린 소재를 차례대로 꽂아준다.

Point
- 젤왁스는 녹는점이 80~90℃로 높으며 병에 붓는 온도 70℃이므로 화상에 주의한다.
- 와인잔은 내열에 강한 제품을 사용한다.

— 인테리어 소품 —

하바리움

재료

프리저브드플라워(스타플라워, 안개꽃, 수국), 가위, 핀셋, 나무막대기, 병, 플라워오일

만드는 법

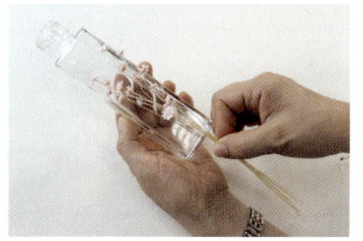

1 스타플라워를 병의 길이에 맞게 자른다.

2 와이어로 묶어준다.

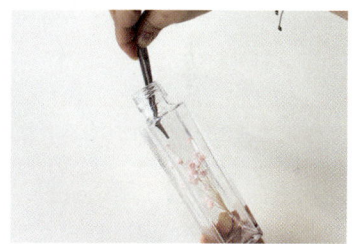

3 병 속에 넣어 디자인한다.

4 수국을 모양에 맞게 넣어준다.

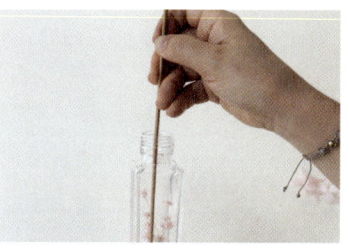

5 나무 막대기로 수국을 아래까지 넣어준다.

6 안개꽃을 길이에 맞게 자른 후 병 속에 넣어 디자인한다.

7 핑크 톤을 맞추어 디자인한다.

8 플라워오일을 부어준다.

Point

완전히 건조된 프리저브드플라워를 사용해야하며, 어항 속에 꽃이 들어있는 것처럼 부유해 보이기 때문에 여백을 살려서 디자인한다.

― 인테리어 소품 ―

유리돔

재료

유리돔, 글루건, 목공용 접착제, 핀셋, 도일리페이퍼, 플로랄테이프, 프리저브드플라워(미니장미 3송이, 마이크로 장미 2송이, 지니아, 수국, 스타플라워, 미스티블루, 안개꽃, 익소디아)

방법

1 글루건이나 목공용 접착제를 사용해 유리돔 밑판에 도일리페이퍼를 붙인다.

2 장미는 훅메소드로 와이어링한다.

3 수국과 소재는 트위스트메소드로 와이어링한다.

4 와이어링한 장미를 플로랄테이프로 감아준다.

5 와이어링한 수국과 소재를 플로랄테이프로 감아준다.

6 지니아, 미니장미 3송이, 마이크로 장미 2송이를 유리돔 안에 들어갈 수 있도록 디자인 한 뒤 수국과 소재들로 풍성하게 채워준다.

7 포장을 한 후 밑둥에 글루를 바른 후 압정을 꽂아 붙인다.

8 압정에 글루를 바른 후 유리돔 밑판에 잘 붙여 고정시킨다.

Point
꽃다발 고정 시 압정을 활용한다.

― 인테리어 소품 ―

원목 북엔드

재료

원목 틀, 플로랄폼, 글루건, 와이어(24, 27번), 플로랄테이프, 가위, 핀셋, 프리저브드플라워(장미, 수국, 지니아, 암모비움, 스타플라워, 안개꽃, 라이스플라워, 고사리)

만드는 법

1 장미는 크로스메소드로 와이어링 한다.

2 지니아와 모든 소재는 트위스트메소드로 와이어링 한다.

3 와이어 처리한 후 플로랄테이프로 감는다.

4 원목으로 만든 책에 맞게 플로랄폼을 자른 후 글루건으로 고정한다.

5 꽃을 C자형으로 꽂은 뒤 수국으로 빈 공간을 채워준다.

6 안개꽃, 암모비움, 스타플라워, 라이스플라워, 고사리를 차례대로 꽂는다.

Point
- 비어있는 책꽂이에 디스플레이할 수 있는 소품이다.
- 84페이지 와이어링 기법을 참조하여 와이어 처리한다.

― 인테리어 소품 ―
와인병 스탠드

재료

와인병, 와이어(24번, 27번), 플로랄테이프, 가위, 스탠드, 프리저브드플라워(산위바인, 수국, 스타플라워, 마이크로 장미)

만들기

1 24번 와이어를 와인병 아래에서 2cm 떨어지게 해 입구 부분을 꺾어준다.

2 수국은 27번 와이어로 트위스트메소드 와이어링한다.

3 마이크로 장미는 훅메소드로 와이어링한다.

4 스타플라워는 줄기부분의 길이를 3cm로 하여 트위스트메소드로 와이어링한다.

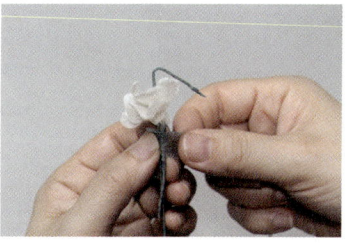

5 입구 부분의 꺾어진 와이어에서 시작해 플로랄테이프로 수국과 꽃을 감아가며 꽃들이 일자로 나란히 연결되도록 디자인 해준다.

6 산위바인을 와이어로 감아준다.

Point ―――――――
꽃을 연결할 때 중심 와이어 윗부분부터 감아서 내려온다.

7 와이어로 감아준 산위바인을 일자로 나열한 꽃들 사이로 돌려가며 자연스럽게 연출해준다.

8 조심스럽게 와인병 입구 부분에 넣어준 뒤 꺾어진 와이어를 병 입구에 걸어서 고정시켜준다.

― 인테리어 소품 ―

크리스마스 미니리스

재료

리스틀(미니), 프리저브드플라워(미니 바쿠리, 메타세콰이어 열매, 믹스콘, 안개꽃, 라이스플라워, 소프트히무로수기), 27번 와이어, 글루건, 가위, 리본

만드는 법

1 소프트히무로수기를 크기에 맞게 자른 후 미니 리스틀 위에 한 방향으로 글루를 이용해 붙인다.

2 미니 바쿠리, 믹스콘, 메타세콰이어 열매를 붙여준다.

3 라이스플라워와 안개꽃을 붙여준다.

4 부드러운 소재의 리본을 붙여준다.

5 밀레니엄 와이어로 둘러준다.

6 크리스마스 리본을 장식한다.

Point
겨울의 느낌을 살리기 위해 메타세콰이어 열매에 흰색 아크릴 물감을 묻혀 디자인한다.

— 인테리어 소품 —

크리스마스 미니트리

재료

프리저브드플라워(화백나무, 메타세콰이어 열매, 믹스콘, 모스), 도일리페이퍼, 27번 와이어, 우레탄폼, 리본, 유리화기, 밀레니엄와이어, 구슬, 글루건, 핀셋, 가위, 목공용 접착제

만들기

1 투명 유리화기 위에 도일리페이퍼를 목공용 접착제로 붙인 뒤 우레탄폼을 글루건으로 고정시켜 붙인다.

2 화백나무의 줄기를 적당한 크기로 자른 뒤 와이어로 묶고 우레탄폼에 꽂아 글루건으로 고정시킨다.

3 트리모양을 만들어준 다음 우레탄폼 위에 흰색 모스를 덮고 와이어로 고정시킨다.(와이어는 U자로 만들어 모스를 고정시킨다.)

4 트리모양의 화백나무 위에 메타세콰이어 열매와 은색의 믹스콘을 글루건으로 고정시키면서 앞뒤로 붙여준다.

5 부드러운 소재를 리본 모양으로 잘라 중앙을 와이어로 묶어준 뒤 밀레니엄와이어를 둥글게 말아 중앙에 붙여준다.

6 제작한 리본을 붙여준다.

Point
유리처럼 찬 성질에서는 글루가 떨어질 수 있으니 유리화기 바닥에 도일리페이퍼를 붙인 후 플로랄폼을 글루건으로 고정한다.

7 우레탄폼을 정사각 입체로 자른 뒤 크기에 맞게 천을 잘라 밀레니엄와이어로 묶어 선물상자를 만들어준다.

8 화백나무에 선물상자와 구슬을 붙여주고 전체적으로 밀레니엄와이어를 둘러준다.

— 인테리어 소품 —

촛대 장식

재료

촛대 오브제, 플로랄폼, 가위, 핀셋, 글루건, 프리저브드플라워(향나무, 유칼립투스, 안개꽃, 미니장미, 그린잎, 솔방울)

만드는법

1 촛대 오브제에 글루를 이용하여 플로랄폼을 붙인다.

2 향나무를 폼의 중앙에 한 방향(시계 반대방향)으로 붙인다.

3 안쪽과 바깥쪽도 시계 반대방향으로 붙인다.

4 유칼립투스를 붙인다.

5 그린소재와 잎을 붙인다.

6 미니장미와 솔방울을 붙인다.

Point
베이스로 깔리는 소재는 같은 방향으로 디자인하여 고정한다.

— 인테리어 소품 —

석고몰드

재료

프리저브드플라워(마이크로장미, 수국, 노무라, 라이스플라워, 안개꽃), 리본, 몰드, 석고가루, 종이컵, 플라스틱수저, 가위, 핀셋, 글루건

만들기

1 석고가루를 물과 함께 섞는다.(혼수량 45%)

2 잘 녹은 석고를 몰드에 붓는다.

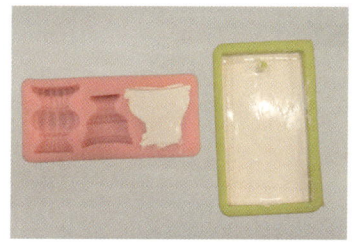

3 양손으로 몰드를 잡고 바닥에 툭툭 쳐서 석고의 수평이 잘 잡히도록 한다.

4 완전히 굳은 후 몰드에서 떼어낸다.

5 화분모양의 석고에 글루를 바른 후 붙인다.

6 마이크로장미의 밑둥을 잘라 글루를 두른다.

7 마이크로장미 2송이를 붙인다.

8 수국, 안개꽃, 노무라, 라이스플라워 순서로 붙인 후 리본을 달아서 마무리한다.

Point
· 환기를 잘 시킨다.
· 석고가 완전히 마른 후 꽃을 붙인다.
· 석고 종류에 따라 혼수량이 다르므로 설명서에 따라 혼수량을 맞추도록 한다.

Chapter 3

응용

스테인드플라워는 색판 유리조각을 접합시키는 방법을 응용하여 프리저브드플라워 꽃잎이나 잎을 겹치게 하여 물감으로 느끼지 못하는 색감을 표현하여 만들어 내는 꽃 공예의 한 기법이다.
레칸플라워는 생화의 칼라를 그대로 간직하고 수분만 제거하여 입체적으로 생화를 오래 볼 수 있는 신개념의 꽃이다.

스테인드플라워
— 기본도구

재료

아이소핑크, 와이어, 투명비닐, 커팅매트, 커팅칼, 헤라, 핀셋, 꽃가위, 워터본드, 목공용 접착제, 구슬핀, 프리저브드플라워 (장미잎, 수국)

1 아이소핑크 위에 나뭇잎 도안지를 올린 후 투명비닐을 덮는다.

2 나뭇잎 라인을 따라 워터본드를 얇게 끊어지지 않도록 발라준다.

만들기

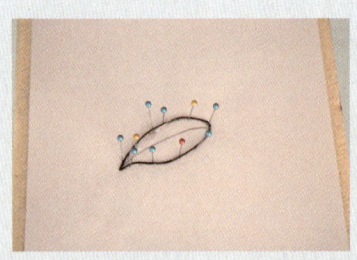

3 와이어를 구슬핀으로 고정하며 붙여준다.

4 나뭇잎 안쪽에 목공용 접착제를 바른다.

5 목공용 접착제를 묻혀 그린색 수국을 겹겹이 붙여준다.

6 잎맥 부분을 워터본드로 얇게 잘 바른 뒤 와이어를 붙여준다.

7 커팅매트에 올려 커터칼로 나뭇잎을 오려낸다.

8 스테인드플라워 나뭇잎을 완성한다.

스테인드플라워 기본테크닉
― 들장미 만들기

뚜뚜

1 아이소핑크 위에 도안지를 올린 후 꽃 라인 위에 워터본드를 얇게 도포하고 와이어를 구슬핀으로 고정해가며 붙여준다.

2 꽃 안쪽에 목공용 접착제를 바른다.

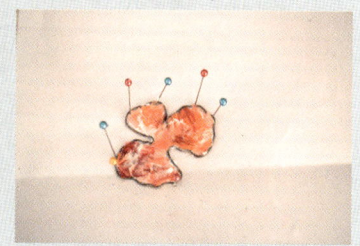

3 붉은색 장미잎을 겹겹이 붙여준다.

4 프리저브드플라워 노란 장미잎을 반으로 접는다.

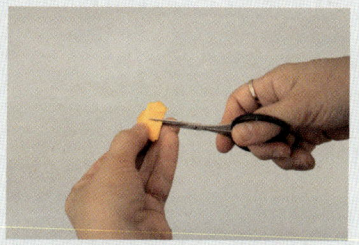

5 접힌 부분에 가위집을 내 꽃술을 만든다.

6 꽃 중앙에 워터본드나 목공용 접착제를 바른 뒤 꽃술을 붙여준다.

Point
목공용 접착제는 건조하면 투명해진다.

7 커팅매트에 올려 커팅칼로 장미를 오려낸다.

8 스테인드플라워 들장미를 완성한다.

— 응용작품 —

스테인드플라워

스테인드플라워 장미, 175mm * 125mm

스테인드플라워 과일컴포트, 480mm * 395mm

스테인드플라워 장미,
300mm * 220mm

스테인드플라워 클레마티스,
395mm * 480mm

스테인드플라워 카라,
220mm * 300mm

스테인드플라워 포도,
125mm * 230mm

스테인드플라워 카라,
122mm * 172mm

레칸플라워
기본도구

① 쥬얼샌드
② 밀폐용기
③ 스푼
④ 절화 장미
⑤ 엠보스펜

레칸플라워 기본테크닉
— 생화 장미를
　레칸플라워로 만드는 과정

준비물

1 밀폐용기 바닥에 쥬얼샌드를 2cm 정도 깔아준다.

2 장미 꽃잎 사이사이에 쥬얼샌드를 넣어준다.(장미 줄기는 자르고 꽃만 사용한다.)

3 엠보스펜으로 꽃잎 사이사이를 벌려 쥬얼샌드가 꽃잎 안으로 들어갈 수 있도록 한다.

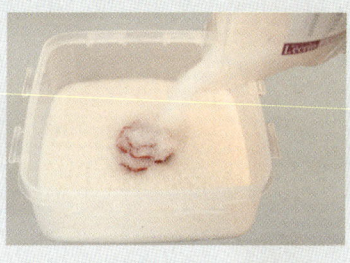

4 장미를 쥬얼샌드 위에 고정 후 장미가 덮이도록 쥬얼샌드를 부어준다.

5 뚜껑을 덮어 일주일 동안 넣어둔다.

6 완성된 레칸플라워(장미)를 꺼낸다.(부서질 수 있으니 조심스럽게 다룬다.)

Point

1. 완성된 레칸플라워 보관법
- 밀폐용기에 쥬얼샌드를 바닥에 1cm 깐 후에 완성된 레칸플라워를 담아 보관한다.

2. 쥬얼샌드 재사용 방법
- 사용한 쥬얼샌드는 전자렌지 사용이 가능한 용기에 담아 전자렌지에 돌려 수분을 제거한 후 사용한다.

— 응용작품 —

병속 레칸플라워

재료

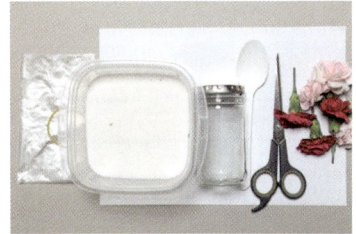

쥬얼샌드, 유리병, 생화(카네이션), 비닐, 고무줄, 플라스틱 스푼, 가위

만드는 법

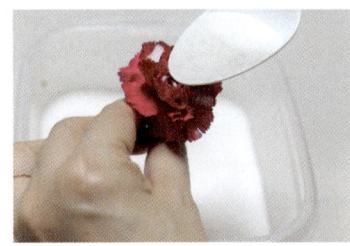

1 생화 카네이션 꽃 안에 플라스틱 스푼으로 쥬얼샌드를 넣어준다.

2 쥬얼샌드가 꽃받침 속 아래 부분까지 골고루 퍼질 수 있도록 꽃받침을 돌려준다.

3 쥬얼샌드가 골고루 넣어진 손질된 꽃을 병속에 넣어준다.

4 플라스틱 스푼으로 쥬얼샌드를 꽉 차게 담아준다.

5 비닐을 2~3겹 겹쳐 고무줄로 밀봉한다.

6 일주일 뒤 쥬얼샌드를 빈통에 부어내면 생화의 수분은 빠지고 칼라는 그대로 보존이 된 레칸플라워가 완성된다. 그때 리본을 이용해 마무리한다.

Point
유리병 바닥에 쥬얼샌드를 조금 남겨두어 수분 유입을 막아 준다.

— 응용작품 —

레칸플라워

레칸플라워 D-CAN 액자
92mm * 135mm(깊이 25mm)

재료 _ 장미, 미니거베라, 블루옥시, 수국, 니게라, 아미초

레칸플라워 브라운액자
158mm * 208mm(깊이 20mm)

재료 _ 미니거베라, 델피니움, 아미초

레칸플라워 브라운액자
158mm * 208mm(깊이 20mm)

재료 _ 장미, 미니거베라, 수국, 라이스플라워, 니게라, 안개꽃

꽃은 생생하게, 정보는 풍성하게

월간 플로라

월간 플로라의 소식이 궁금하다면?
플로라 SNS

▶ **YouTube**

생동감 넘치는 플로라
플로라 유튜브

▶ **Naver Post**

읽을 거리 모아모아
플로라 포스트

▶ **Naver blog**

플로라의 모든 것을 담아
플로라 블로그

▶ **Kakao**

플로라에 질문이 있다면?
플로라 톡채널

▶ **Instagram**

꽃·식물 작품이 한자리에
플로라 인스타

▶ **Facebook**

플로라 좋아하는 사람 모여라
플로라 페이스북

월간 플로라(FLORA)는 플라워디자인과 식물키우기
정보가 가득한 꽃/식물 전문 잡지입니다.
꽃을 좋아한다면, 식물을 좋아한다면
지금, 월간 플로라를 만나보세요.

월간 플로라와 함께 하면 더 가치있는
플로라 단행본

PLANT SPACE
: 쉼 있는 식물카페로의 초대

월간플로라 편집부 지음
식물을 그리워하는 당신에게 쉽게 식물들을 만날 수 있는 곳들을 안내해주는 안내서

Wedding Flower Design
: 크리에이티브디렉터 최경아의 호텔 웨딩 플라워 디자인

최경아 지음
단 하나뿐인 결혼식을 위한 공간 디자인을 소개한다. 컬러별 콘셉트가 다른 작품들을 통해 새로운 영감을 받아보자.

정글하우스
: 식물집사 30인의 랜선집들이

월간플로라 편집부 지음
식물을 싫어하는 사람은 드물지만 키우기를 주저하는 사람은 많다. 식물과 교감을 나눈 사람들의 이야기로 기쁨과 위로를 얻기를 바란다.

실내에서 이끼키우기
: 알고 보면 잘 보이는 이끼 이야기

이선희, 박웅택, 정혜원, 이은정 지음
이끼에 대한 기본 정보 부터 차근차근 시작하는 이끼 키우기의 모든 것!
이끼 하나하나의 이름, 자세한 사진과 정보를 담은 미니도감까지!

하나쿠바리
: 친환경 꽃꽂이 자연소재 기법

강미정 지음
트렌드와 상위 단계의 플라워 디자인을 원하는 사람에게 추천하는, 자연소재로 꽃을 고정하는 플라워 테크닉 참고서이다.

꽃담은 와이어공예
: 꽃에 와이어로 즐거움을 더하다.

정혜원 지음
마미스쿨 플로리스트 정혜원이 소개하는 꽃, 와이어 테크닉을 통해 나만의 시그니처 아이템을 만들어보자.

Tel. 02 . 323 . 9850   Fax. 02 . 6008 . 2036   Mail. flowernews24@naver.com

꽃이 있는 공예
Flower crapt

발 행   2022년 11월 5일 초판 1쇄

지은이   도주현
펴낸이   이지영
편 집   최윤희
디자인   Design Bloom 안규현, 이다혜

펴낸곳   도서출판 플로라
등 록   2010년 9월 10일 제2010-24호
주 소   경기도 파주시 회동길 325-22
전 화   02.323.9850
팩 스   02.6008.2036
메 일   flowernews24@naver.com

ISBN 979-11-90717-74-8

이책은 저작권법에 의해 보호받는 저작물이므로
도서출판 플로라의 서면 동의 없이는 복제 및 전사할 수 없습니다.